AF339094

LA
QUESTION D'ORIENT

AU POINT DE VUE FRANÇAIS ET CATHOLIQUE

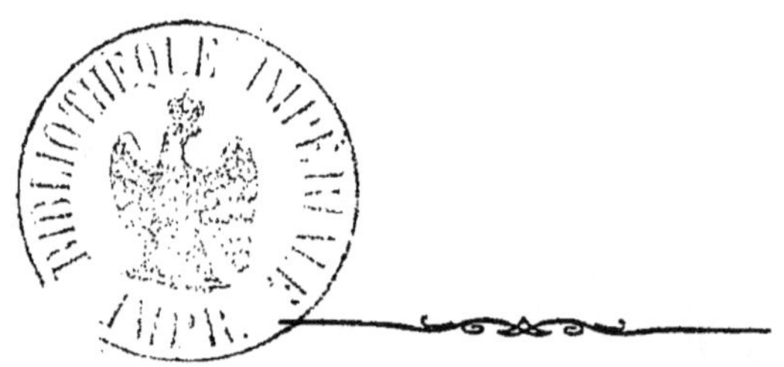

PARIS

CHARLES DOUNIOL, LIBRAIRE-ÉDITEUR

RUE DE TOURNON, 29

1864

LA
QUESTION D'ORIENT

AU POINT DE VUE FRANÇAIS ET CATHOLIQUE

§ Ier

Les victoires et les conquêtes de l'Islamisme ont enfanté jadis ce que nous appelons actuellement « la Question d'Orient ». Pendant des siècles, cette question, que les Croisades n'ont pu résoudre, est demeurée comme un perpétuel danger pour l'Europe ; aujourd'hui sa solution peut détruire l'équilibre des grandes puissances et engendrer une longue série de guerres ; mais cette solution, chaque jour différée, est aussi chaque jour plus impérieusement réclamée au nom de l'humanité outragée, au nom de la dignité et de la liberté des chrétiens d'Orient, au nom enfin de tous les intérêts commerciaux des peuples d'Occident.

Cependant, toute grave et toute considérable qu'elle soit, la Question d'Orient n'est pourtant qu'un des côtés, qu'une des faces du redoutable problème qui agite depuis longtemps les esprits et trouble profondément aujourd'hui bien des consciences.

A Constantinople, en effet, en Asie comme à Rome, c'est du sort de la Chrétienté qu'il s'agit, c'est l'avenir du Christianisme luimême qui est en péril.

Si demain, dans le Liban, dans le Taurus, le Tsernogore et sur le Danube, les Turcs avaient enfin raison des Chrétiens sans cesse provoqués à la résistance par leur honteuse et criminelle administration, si, grâce à l'Angleterre, ils parvenaient à asseoir sur eux une domination désormais inébranlable, bientôt les misérables restes de tant de peuplades, de tant de nations chrétiennes disparaîtraient sous les coups d'un fanatisme dont Alep, Djeddah, Cawpoor, le Liban et Damas attestent la puissance et la férocité, bientôt l'Orient tout entier échapperait à la morale du Christ et, perdant ce merveilleux flambeau, retomberait lourdement pour des siècles dans les ténèbres du fatalisme musulman.

Mais, en même temps que des massacres froidement conçus déciment avec une régularité vraiment mathématique les malheureux chrétiens d'Orient et finiront, sans aucun doute, par les anéantir tout à fait, en Europe nous voyons de nouvelles doctrines, de nouvelles théories sociales s'annoncer bruyamment comme devant bientôt remplacer le Catholicisme ainsi, disent-elles, qu'il y a près de vingt siècles le Christianisme lui-même succéda au Judaïsme resté trop étroit pour l'humanité.

Pour entraîner plus facilement les peuples hors de la voie tracée par le Christ, ces sectes s'ingénient à rompre le faisceau catholique. Continuant l'œuvre de Luther, c'est au nom de la liberté qu'elles poussent les Princes à secouer le lien tutélaire qui les unit à Rome et à remplacer par des « religions d'État, » l'admirable organisation politique de la Catholicité, et c'est aussi au nom de la liberté qu'elles convient les peuples à seconder, sur ce point, les aspirations de quelques-uns de leurs princes et à se courber docilement sous un inévitable despotisme.

Ainsi envisagées, la Question d'Orient et la Question Romaine se complètent l'une l'autre et s'éclairent mutuellement; alors nous comprenons parfaitement la puissance du lien qui les rattache toutes deux à la France, et pourquoi, dans ces deux questions, dans ce grave problème de l'avenir, de l'existence même de la Chrétienté, la politique de la France, malgré de certaines apparences et de passagères oscillations, reste toujours une et traditionnelle.

En Orient, elle demande l'émancipation des Chrétiens; elle veut l'exécution loyale et complète des hatti-humayouns qui ont effacé, en principe, toute inégalité entre ceux-ci et les Musulmans. Mais si un jour il devient avéré pour son gouvernement que l'on n'a rien à attendre des Turcs et que l'on ne doit pas compter plus longtemps sur leurs promesses solennelles ; s'il faut enfin reconnaître l'impuissance absolue, radicale pour les Sultans d'émanciper sérieusement les Chrétiens de leur Empire, de les considérer en fait et de les traiter en toutes choses comme égaux aux Musulmans, alors, laissant de côté les ménagements et les condescendances de la diplomatie, la politique de la France ne reculera pas devant l'emploi de la force pour arracher des millions de Chrétiens au joug abrutissant des Osmanlis, afin que, libres, ils puissent travailler à faire refleurir ces vastes et riches contrées de l'Orient, aujourd'hui incultes et si étrangement dépeuplées.

A Rome, en conservant à l'Église, par la présence de nos valeureux soldats, son antique Pouvoir Temporel, la France sauvegarde l'unité dans le monde et la liberté.

L'Unité ! voilà un mot singulièrement à la mode aujourd'hui, car il est à propos de tout dans toutes les bouches.

Parce qu'après plusieurs siècles d'un douloureux enfantement, la France admirablement servie par la configuration de son sol et surtout par le génie propre à la race gauloise, la France a pu réaliser chez elle un gouvernement unitaire et centraliser vigoureusement toute son administration, s'ensuit-il de là qu'on puisse l'imiter servilement et organiser l'Italie sur ce modèle, sans tenir aucun compte du temps, des différences géographiques et surtout des aptitudes séculaires des peuples italiens, de cet esprit de municipalisme qui a permis à l'Italie de constituer et de maintenir pendant des siècles tant de cités opulentes, tant de républiques à jamais célèbres dans l'histoire par l'activité de leur commerce et de leur industrie et par le développement qu'elles donnèrent si libéralement aux arts et aux sciences ?

Mais, malgré le peu de succès que l'idée d'une Italie unifiée trouve chez les Italiens eux-mêmes, la passion de l'unité absorbe tellement tous les esprits qu'on médite déjà pour la Péninsule Ibérique l'unité de gouvernement, et que dans des conférences publiques la rêveuse Allemagne s'apprête, elle aussi, à constituer l'unité démocratique de toute la « Deutschland », de la vieille Germanie tout entière, œuvre mille fois plus difficile encore à réaliser que l'unité italienne.

Parce que les progrès de la science permettent à l'homme d'abréger le temps, de parcourir l'Europe de Paris à Constantinople ou à Saint-Pétersbourg plus promptement et en moins d'heures que nos pères ne mettaient de jours à se transporter de Paris à Marseille, parce que, sur les ailes de l'électricité, la pensée éclate aujourd'hui avec l'instantanéité de l'éclair dans une universelle diffusion, faut-il en conclure nécessairement que les frontières des États doivent être supprimées et que les nations elles-mêmes doivent se fondre dans un État plus grand, dans un plus vaste Empire? Sommes-nous à la veille de voir l'image sacrée de la Patrie s'effacer du cœur de nos enfants devant l'idée confuse d'une mielleuse philanthropie, d'une sorte de religion humanitaire qui, sous de pompeuses niaiseries et d'érotiques emphases, recèle des projets coupables et doit fatalement conduire les peuples au despotisme d'abord et à la barbarie?

L'unité, comme on l'entend de nos jours, ce n'est souvent que l'uniformité. En s'attachant à la réaliser partout, est-on bien sûr de suivre ainsi les voies de la nature et du véritable progrès?

« Il y a, dit Montesquieu, de certaines idées d'uniformité qui
« saisissent quelquefois les grands esprits, car elles ont touché
« Charlemagne, mais qui frappent infailliblement les petits; ils
« y trouvent un germe de perfection qu'ils reconnaissent parce
« qu'il est impossible de ne pas le découvrir; les mêmes poids
« dans la police, les mêmes mesures dans le commerce, les
« mêmes lois dans l'État. Mais cela est-il toujours à propos sans
« exception, et la grandeur du génie ne consisterait-elle pas
« mieux à savoir dans quel cas il faut l'uniformité et dans quel
« cas il faut la différence? » (*Esprit des Lois*, livre XIX.)

Cette délicate distinction, l'Église l'a faite depuis des siècles en constituant la Chrétienté, et la France est sur ce point en complet accord avec l'Église.

L'unité dans le dogme et dans la morale, cela suffit à l'Église et cela suffit aussi à la France, car c'est la seule unité politique et sociale qui puisse embrasser le monde entier. Vouloir davantage, c'est violer les lois de la nature, c'est entraver l'essor du génie individuel de chaque race, de chaque peuple et souvent même de certaine fraction d'un peuple ; loin de progresser c'est nous ramener en arrière, c'est faire revivre le système de la Rome antique, c'est ressusciter le despotisme universel.

La constitution politique de la Chrétienté, la République des États Chrétiens est le système le plus vaste et le plus fécond qui ait jamais été inventé pour réaliser d'une manière durable l'unité dans le monde.

Les conquêtes et la force brutale peuvent, dans un certain moment, tout soumettre, tout abaisser, tout niveler, tout unifier ; mais alors c'est le despotisme et, s'il pouvait durer, la liberté fuirait pour toujours ces parages détestés.

L'unité dans tout, l'unité pour tout, l'unité, l'uniformité absolue comme critérium de toute grandeur et de toute puissance, voilà pourtant le mirage qui aveugle aujourd'hui certains esprits, voilà l'idéal qu'ils poursuivent, voilà l'idée nouvelle dont ils saluent l'aurore !

Comment sommes-nous arrivés à ce point que le xixe siècle, ce siècle « des lumières et du progrès, » voit éclore de pareils systèmes ? Comment ceux-là qui défendent la Papauté passent-ils pour des ennemis de la liberté, pour des réactionnaires, et comment les honnêtes gens qui persistent à se déclarer les adversaires de l'Église ne comprennent-ils pas qu'elle est la plus puissante digue à opposer au despotisme ?

La souveraineté des Papes, leur Pouvoir Temporel était déjà utile et nécessaire alors que l'Europe, alors que l'Italie, fractionnées en une multitude de petites souverainetés, ne permettaient de craindre d'aucune nation ni d'aucun prince quelque dessein suivi qui mît réellement en danger l'indépendance de l'Église. Les Germains, les Normands, les Français ont pu tour à tour opprimer les Papes et entraver momentanément l'Église dans l'exercice de sa mission. Ces épreuves ne pouvaient être longues, ces captivités ne pouvaient être éternelles et, au milieu du perpétuel bouleversement du moyen âge, la Papauté recouvrait bientôt sa liberté et son indépendance.

Depuis lors, avec l'aide de la civilisation, quelques États ont grandi en Europe, absorbant tout autour d'eux. Leur base plus large que les petites souverainetés du moyen âge, leur assiette plus solide permettent à leurs princes de longs desseins imperturbablement suivis. Quels dangers plus grands alors l'Église ne courrait-elle pas si son Chef venait à tomber sous la dépendance d'un de ces puissants États! Conçoit-on Pie IX, non pas le prisonnier, mais l'hôte seulement de Victor-Emmanuel? L'indépendance de l'Église ne serait-elle pas, dans ce cas, infiniment plus compromise que lorsque les Normands vainqueurs entraînèrent avec eux hors de Rome, Grégoire VII, leur allié et leur prisonnier?

Assurément, si le Pape n'était plus libre, si le Pape n'était plus souverain, si seulement l'Église était soupçonnée de ne plus agir dans une complète indépendance, les Concordats deviendraient aussitôt un danger pour les États qui les ont signés et seraient immédiatement déchirés par eux. La suppression du pouvoir temporel de la papauté aurait donc pour conséquence inévitable et fatale chez toutes les nations, la prédominance complète, absolue du Pouvoir Civil sur l'Église et la destruction de l'unité catholique dans le monde.

L'idée d'un nouvel Empire Romain est une idée italienne; elle est au fond de toutes les sociétés secrètes, de toutes les sectes qui pullulent sur la terre italique. Dante le rêvait déjà cet Empire, lorsqu'en haine de la Papauté le vieux Gibelin ne craignait pas d'appeler, du fond de la Germanie, le brutal Tudesque et le conviait à revendiquer ses droits, à renouer la chaîne des temps, à restaurer l'Empire Romain, l'Empire universel, « la monarchia del mondo. » Aujourd'hui, aux yeux des soi-disant patriotes italiens, l'idée de ce nouvel Empire apparaît comme une revanche qui est bien due à l'Italie pour la dédommager des quinze siècles de dominations étrangères qu'elle a endurés; mais cette revanche, ils la veulent prendre sur la Papauté qui, seule, a empêché l'Italie de mourir et d'être absorbée dans le germanisme des Césars

Tudesques, et ils la veulent prendre aussi sur la France dont les idées généreuses et le génie éminemment catholique ont tant contribué à l'éclat et à la grandeur de l'Europe moderne, de la Chrétienté.

Reconstituer l'Empire Romain, dominer le monde aujourd'hui comme il y a deux mille ans, tel est le but de Mazzini, et pour asseoir plus solidement cet Empire, pour assurer à jamais cette domination, le grand pontife de la Charbonnerie universelle fait du Pouvoir Civil lui-même le temple, le sanctuaire d'une nouvelle religion pour l'humanité, d'un Dieu-Peuple, « Dio è Popolo ».

Mais si ce but, le plus audacieux que puisse concevoir une pensée humaine, si ce but, vraiment satanique (1), pouvait être atteint, il ne le serait qu'en détruisant la constitution politique et sociale de l'Europe actuelle telle que l'Église l'a ébauchée pendant des siècles, et telle que l'a toujours conçue le génie politique de la France, génie bien plus profondément catholique, même dans ses écarts, que ne le semblent croire les libres-penseurs de nos jours.

Le mazzinisme, en effet, pèse lourdement sur l'âme de chaque homme; de même qu'il supprime, par le serment et la menace du poignard, toute liberté individuelle, toute initiative personnelle et aussi toute résistance, de même qu'il n'entend commander qu'à d'abjects esclaves, de même, quoi qu'il dise, tend-il à étouffer la vie propre de chaque nation dans une colossale et monstrueuse unité; le mazzinisme triomphant serait une chape de plomb posée sur les épaules de l'humanité.

L'Église, au contraire, pleine de respect pour l'âme de chacun de ses enfants, s'étudie à en favoriser le complet épanouissement; de même elle a toujours fait pour l'âme des peuples et pour les nations de l'Europe en particulier.

L'antique République romaine avait constitué pour la première fois dans le monde l'unité politique en subjuguant tous les peuples et en les soumettant à ses lois. L'Église, lorsqu'elle s'établit

______

(1) Le socialisme n'est fort que parce qu'il est une théologie; il n'est destructeur que parce qu'il est une théologie satanique. (Donoso Cortès ; *Essai sur le catholicisme*.)

sur les ruines de l'Empire romain, ne voulut garder pour elle
que l'unité du dogme et de la morale, et travailla de toutes ses
forces à la reconstitution de l'unité politique du monde en sa-
crant Charlemagne empereur.

Le monde avait été tellement nivelé par l'habileté du sénat romain que les peuples ne pouvaient alors rien concevoir en dehors de l'Empire. Où trouver d'ailleurs les éléments d'une autre
combinaison alors que les barbares n'étaient que tout récemment
encore venus prendre place dans l'Empire et combler l'immense
dépeuplement qui affligeait en ce temps l'humanité?

Mais lorsque le nouvel Empire d'Occident s'évanouit avec
Charlemagne, et que les Césars germaniques, s'instituant héri-
tiers de l'Empire, voulurent imposer leur domination à l'Église
et au monde, les Papes résistèrent avec la plus grande énergie à
de telles prétentions. Pour faire triompher leur indépendance et
ramener plus sûrement l'Empereur au seul rôle qu'il puisse remplir dans la Chrétienté, ils s'appliquèrent dès lors à se faire les
émancipateurs, les soutiens énergiques des diverses nationalités
qui essayaient de se constituer en Europe.

L'Église, en relevant dans la personne de Charlemagne la dignité impériale, n'avait point entendu se donner un maître mais
bien un protecteur dévoué. « Le Pape, vicaire de Jésus-Christ,
l'Empereur, protecteur de l'Église », disent les inscriptions vati-
canes.

De même, en effet, que le Pape, chef spirituel de la Chrétienté,
est élu par le collége des cardinaux et représente l'unité religieuse dans le monde, de même l'Empereur, chef élu du collége
des rois, devait veiller aux intérêts généraux de la République
chrétienne et représentait l'unité politique du monde, sans absorber dans cette unité l'initiative particulière des diverses nations,
sans leur enlever toute leur séve, toute leur vie ; car dans la République des États chrétiens, comme l'entend l'Église, dans la
Chrétienté, chaque nation, petite ou grande, est véritablement
indépendante et reste souverainement maîtresse de constituer
son gouvernement selon ses besoins particuliers et selon le génie
propre à chaque race.

La politique romaine avait établi l'unité du monde sur l'uniformité ; le monde entier était devenu « le monde romain ». L'Église, au contraire, plus fidèle interprète des lois de la nature, veut la diversité, la variété à la base, au sommet seul l'unité.

Donc, c'est l'Église qui a constitué l'Europe moderne en favorisant l'essor des diverses nationalités qu'elle contenait en germe dans son sein, et ce que le Christianisme avait fait pour la dignité de l'homme, pour sa liberté, l'Église le fit aussi pour la dignité des nations, pour leur autonomie et pour leur liberté.

Ce sont les évêques qui ont véritablement créé le royaume de France, disent tous les historiens (1) ! Qui a plus fait que Grégoire VII, Alexandre Borgia, Jules II, Léon X, Sixte-Quint et Pie IX lui-même pour cette nationalité italienne que nos politiques du jour affirment avoir inventée ?

Où l'Espagne a-t-elle puisé la force de triompher des Maures, si ce n'est dans l'énergie de sa foi chrétienne ? Qui protége, aujourd'hui encore, la mémoire de la Pologne ? Qui tient constamment éveillé dans le cœur de chaque Polonais le souvenir sacré de la patrie ? Qui étend sa main bienfaisante sur la malheureuse Irlande et l'aide à supporter le martyre qu'en haine de sa fidélité religieuse la protestante Angleterre n'a pas honte de lui faire endurer ?

N'est-ce pas le sentiment chrétien, ne sont-ce pas les idées catholiques, n'est-ce pas le clergé catholique, en un mot, n'est-ce pas l'Eglise qui a fait tout cela ?... Et si demain l'Orient chrétien se reconstitue, si des nations chrétiennes renaissent, pour ainsi dire, de leurs sépulcres et conquièrent dans le monde la place qui leur appartient justement, elles aussi devront ce triomphe à l'Église ; elles le devront au dévoûment de ses pieux missionnaires, à l'éloquence de ses pasteurs dont il y a deux ans à peine les chaires de Rome ont répercuté l'émouvante et magnifique parole à tous les échos de l'univers (2) ; elles le devront enfin au zèle que la foi catholique inspirera à de nombreux chrétiens.

(1) Ils ont construit cette monarchie, comme les abeilles construisent une ruche. (Joseph de Maistre ; *Du Pape.*)

(2) Discours de l'évêque d'Orléans en faveur de l'œuvre des « Écoles d'Orient », prononcé à Rome lors du dernier consistoire ; mai 1862.

Cette politique de l'Église est celle de la France; c'est la politique des nationalités. Aussi, lorsque la République française, inscrivant sur ses drapeaux la fraternité de tous les hommes, s'interdisait nécessairement toute guerre de conquête, lorsque ses armées de patriotes, après avoir repoussé l'ennemi du sol français, déclaraient émanciper les peuples de tout pouvoir oppresseur et les vouloir constituer par groupes suivant leurs affinités, leurs besoins, leur langue, suivant en un mot leur nationalité, dans cette voie, par cette conduite, la République française se faisait, sans le savoir, la plagiaire de l'Église et continuait involontairement l'œuvre douze fois séculaire de la papauté.

Comment ose-t-on nous dire encore que l'Église est la grande ennemie des peuples? Est-ce que, sérieusement, la Papauté est hostile à l'Italie, parce qu'elle résiste à l'incommensurable ambition des Piémontais, et flétrit, comme tout homme de cœur et de bon sens doit flétrir, cette monstrueuse hypocrisie derrière laquelle se cache une des plus brutales guerres de conquête et d'absorption dont l'histoire ait jamais fait mention?

Autre chose, en effet, est l'indépendance de l'Italie, autre chose est son système politique intérieur, sa constitution.

Jusqu'à la fin du siècle dernier, les États de l'Église s'administraient eux-mêmes comme de véritables républiques; les Papes en étaient bien les souverains de droit, mais en fait, ils se contentaient de la suzeraineté. Bologne se gouvernait elle-même, et entretenait à Rome, auprès de son souverain, un «ambassadeur».

Ce sont les invasions de la République française et surtout l'annexion au premier Empire français qui ont supprimé ces municipes républicains si conformes au génie italien pour convertir violemment ces heureuses provinces au régime unitaire et centralisateur de la France de nos jours. Assurément, l'introduction du Code Napoléon, loin de guérir le malaise actuel des États Romains, ne ferait que creuser un abîme plus profond entre le Pape et son peuple, car il supprimerait toute aristocratie, sans qu'une bourgeoisie puissante et éclairée puisse la remplacer et servir de guide au peuple.

Au surplus, l'exemple du royaume de Naples n'est guère encourageant pour le Pape. Le Code Napoléon a-t-il donc sauvé ce malheureux pays de la ruine où l'entraîne la honteuse conduite des populations de ses grandes villes? Depuis soixante ans qu'il y est en vigueur, a-t-on vu la bourgeoisie se constituer et se fortifier, le peuple s'éclairer? Non, la noblesse s'en est trouvée appauvrie, ruinée; l'État, privé de cet appui nécessaire, s'est vu sans défense à la merci des intrigues de Cavour et de Garibaldi, et telle est la bassesse des mœurs de ce pays qu'il semble que chaque citoyen se soit fait une gloire de se vendre à l'étranger!

Le Code Napoléon n'est donc point une sauvegarde, un palladium pour le souverain ou la nation qui l'adopte.

Si le Chef actuel des États de l'Église, dans le magnanime mouvement de son cœur qui fut son premier acte politique, si le souverain de l'État le plus ancien et le plus Italien de la péninsule, — l'immortel honneur de l'Italie, — si notre vénéré Pie IX avait été dans ses projets de réforme, il y a dix-sept ans, aussi énergiquement soutenu par la France, que les Piémontais affirment l'être aujourd'hui dans leur œuvre détestable, il y a déjà longtemps que l'Italie, constituée normalement, aurait été délivrée tout à la fois de la pression que l'Autriche exerçait sur elle et de l'oppression mille fois plus cruelle des révolutionnaires piémontais et garibaldiens.

Pourtant, comme Français et comme catholiques, nous ne devons pas trop nous plaindre de la politique à outrance du comte de Cavour; sa rapacité et son audace ont dévoilé, mis à nu et, par conséquent, rendu à jamais impossible toute une combinaison politique dont les résultats n'eussent point été, dans l'avenir, à la gloire de la Papauté ni surtout à l'avantage de la France.

Se servir des traditions et des tendances nationales de la Papauté que, depuis trois cents ans, l'Europe avait consenti à laisser dans des mains italiennes, se servir, disons-nous, de ces traditions et de ces tendances pour organiser, sous leur ombre, l'unité du pouvoir civil en Italie; placer, en un mot, à la tête de l'Italie un César italien à côté d'un Pape italien, tel était ce système, profondément médité par quelques grands politiques, pour assurer ainsi, dans l'avenir, la prédominance de l'Italie au détriment de l'Église d'abord, mais aussi et surtout au détriment de la France et de son influence dans le monde entier.

Mais pour captiver ainsi la Papauté, pour l'entraîner doucement dans ces voies toutes nouvelles, que d'habileté, que de finesse ne fallait-il pas déployer ! Avec quelle obséquieuse courtoisie, avec quel respect ne fallait-il pas traiter la cour de Rome ! Quels ressorts mystérieusement et délicatement touchés pour arriver au succès ! Machiavel y eût réussi... peut-être ; mais Cavour, avec la rapacité proverbiale des races montagnardes, brisa tout sous lui et accula bientôt le Piémont dans une impasse dont il ne peut sortir que par un schisme et une guerre avec la France ou par une immense reculade.

L'Italie et la France sont sœurs, nous crie-t-on chaque jour ! Oui, et ce n'est pas nous qui refuserons à l'Italie de la traiter en sœur. Nul plus que nous n'admire, dans l'histoire, la trace lumineuse du génie italien ; ces siècles de décadence et de honteuse servitude, comme les appellent les démocrates, ces longs siècles sont pour nous la gloire de l'Italie. L'Italie a longtemps précédé et éclipsé toute l'Europe dans la philosophie, dans les arts, dans les sciences comme dans le commerce et l'industrie. Nous la voulons libre, glorieuse et grande ; mais ce que nous repoussons, ce sont ces rêves de domination violente ou d'absorption mystérieuse, ce sont ces évocations de César dominant tout à la fois et l'Église et le monde. Si l'Italie veut engager la lutte, il faut qu'elle le sache bien, la France ne cédera point alors devant elle, la France ne pliera pas, car en défendant ses intérêts elle défend en même temps la liberté de l'Église et du monde. En effet, la politique de Cavour, comme celle de Mazzini, ne pourrait triompher définitivement que par l'affaiblissement et sur les ruines mêmes de la France.

Profitant des offres de l'astucieux ministre piémontais, l'Empereur a sans doute trouvé l'occasion qu'il cherchait de refouler l'Autriche, mais s'il veut constituer sérieusement l'Italie, un accord avec le Piémont serait la plus détestable base que l'on puisse imaginer.

Ou, par une alliance, par une union franche et sincère avec la Papauté, il rétablira la question italienne sur sa véritable base et pourra, seulement alors, la résoudre rapidement, ou bien sa politique s'épuisera inutilement à soutenir le Piémont et à entraver le piémontisme. Le danger d'une telle conduite est pour l'avenir de sa dynastie plus grand qu'il ne le semble voir. Bientôt en effet, les démocrates français, glissant sur la pente qui les entraîne déjà, ne seront plus que les disciples, que les sectaires zélés de l'idée italienne, de ce que l'on appelle «l'idée moderne,» la religion de l'avenir, ce panthéisme politique et mystique dont Mazzini est aujourd'hui le pontife suprême, et un jour viendrait, où la France étonnée s'apercevrait qu'elle a perdu pour long-temps sa prédominance politique et la direction des affaires du monde.

Mais à la conception anti-catholique et anti-française d'un nouvel Empire d'Occident, à cette conception étroite et réaction-naire qui place fatalement ce nouvel Empire en perpétuel antagonisme avec les autres races soit germanique, soit slave, saxonne ou grecque, les catholiques opposent l'admirable organisation de l'Église, une large et puissante Chrétienté. Bannissant de son sein toute guerre de conquête, elle réunirait dans un mutuel accord, dans une universelle fraternité, toutes les nations qui croient en Jésus-Christ et constituerait ainsi la République des États chré-tiens sous la conduite de leurs chefs respectifs, empereurs, rois, consuls ou présidents, et sous la direction *morale* suprême du Pape, vicaire de Jésus-Christ.

§ II

L'organisation politique de la Chrétienté, telle que l'avaient conçue les papes, et telle qu'à leur éternel honneur ils ont tou-jours travaillé à la réaliser, reçut une bien grave atteinte du mouvement protestant du xviᵉ siècle.

L'ambition des princes et leur ardente convoitise des biens de l'Église, beaucoup plus que leur amour de la vérité et que les fautes politiques des Papes, décidèrent cette rupture de l'unité dans la Chrétienté.

Mais rien n'égale la logique de l'histoire et l'affirmation du droit de libre-examen dans les matières religieuses devait bientôt amener les peuples à contester aux princes la légitimité de leur pouvoir, de même que ceux-ci avaient contesté à l'Église sa mission tutélaire sur eux et sur leurs peuples.

On l'a dit mille fois déjà, et nulle chose ne nous semble plus juste et plus vraie, la Réforme est le point de départ de cet immense mouvement démocratique qui, depuis quelques siècles, semble entraîner tous les peuples de l'Europe.

La France, avec son ardeur à réaliser ce qu'elle croit être la vérité, la France, par sa révolution de 1789, fut la première à se constituer en démocratie et à vouloir en appliquer tous les principes. A l'intérieur, elle supprima les priviléges de l'Église, de la noblesse et de la bourgeoisie, interdit les substitutions et voulut enfin, dernière conséquence, abolir la royauté.

A l'extérieur, elle provoqua tous les peuples à la révolte et ses quatorze armées eurent pour mission d'organiser partout des gouvernements faits à l'image de celui qu'elle s'était donné.

Mais la pure démocratie, cet idéal rêvé par les premiers chrétiens eux-mêmes, la pure démocratie ne peut exister longtemps parmi les hommes. Impuissante à se régler elle-même et tombant fatalement dans la démagogie, dans le désordre, dans l'anarchie enfin, elle est toujours forcément amenée à se réfugier et à s'annihiler dans la dictature.

A peine les principes de 1789 avaient-ils été proclamés que de faiblesse en faiblesse, de désordre en désordre, la France, tombant bientôt sous le régime odieux de la Terreur en pleine démagogie, ne fut sauvée que par la dictature; aussi, à soixante ans de distance, nous avons vu, en 1848, l'application radicale des mêmes principes amener immédiatement les mêmes résultats. Qu'est-ce, en effet, que l'Empire français actuel, cette dernière expression des besoins du pays, sinon la dictature à vie et même héréditaire ?

Il doit en être, du reste, fatalement ainsi, puisque dans la société tout a été nivelé, puisque, comme conséquence de ce nivellement social, aucune association ne peut croître, aucune force traditionnelle ne se peut développer, puisque la terre, dont la possession seule consacre la véritable indépendance et la perpétuité de la famille, la terre, disons-nous, passant de main en main avec une déplorable facilité, tend chaque jour à se mobiliser davantage aux applaudissements des socialistes, des économistes et autres libres-penseurs contempteurs de la famille, puisque enfin le Pouvoir, n'ayant plus celle-ci pour base, repose tout entier sur l'individu, sur l'électeur.

Mais que peut-il donc cet individu, seul et isolé de toute attache, que peut-elle cette dix-millionième fraction de la souveraineté nationale en face de l'État armé d'un budget de 2 milliards et protégé par quelques centaines de milliers de fonctionnaires ?...

Si, en droit, dans un État démocratique, le citoyen est tout, en fait, il n'est pas grand'chose, on peut même dire qu'il n'est rien. Heureux encore lorsque, inconnu à la gente policière, il peut végéter dans son obscurité sans craindre d'être jeté sur des pontons ou expulsé en quelques heures du sol natal !

Cependant, il ne nous semble pas permis de prévoir de longtemps pour la France un changement radical dans ses mœurs et dans sa constitution. En effet, chaque forme sociale a son heure dans la marche perpétuelle de l'humanité; l'heure présente pour la France et aussi pour l'Europe est à la démocratie. Laissons-nous donc voguer à pleines voiles sur cette mer dangereuse, et contentons-nous de faire des vœux pour qu'elle ne déferle pas sous l'action d'une tempête démagogique et que le pilote qui dirige notre esquif, s'inspirant de l'immense gravité de sa mission, emploie toujours la colossale puissance qu'il possède à conduire la France et le monde dans la route de la justice et du bien.

L'Église avait vu, avec un effroi assurément justifié, débuter dans le monde le nouveau système politique et social de la France. Ceux qui l'avaient sourdement préparé et longuement élaboré, ceux-là étaient ses adversaires déclarés, ses ennemis acharnés et ne rêvaient rien moins que d'élever sur les débris du Christianisme, une nouvelle religion pour l'humanité, le Déisme expliqué dans les rites et les symboles de la franc-maçonnerie universelle.

Mais une société ne peut vivre longtemps dans le désordre et l'anarchie ; aussi, un pouvoir réparateur s'éleva-t-il bientôt sur les ruines de la République abîmée dans ses propres excès. Son premier acte, une fois l'ordre matériel à peu près rétabli, fut de renouer la chaîne des traditions, et, pour donner à la nouvelle société française quelque racine et quelque force, il rendit à l'Église le droit de l'assister et de la diriger.

L'Église accepta avec empressement et même avec reconnaissance cette demande de réconciliation. « Il m'a rendu la religion, disait plus tard Pie VII en parlant du premier consul, il l'a rendue à la France et au monde. » Sans doute l'Église, — elle ne cherche pas à le cacher, — a ses sympathies et ses préférences. Pénétrée du juste sentiment de la faiblesse humaine, mais en même temps jalouse gardienne de la dignité et de la liberté de l'homme, l'Église pense que la monarchie, telle que la concevaient nos pères, est plus propre que tout autre gouvernement à assurer le bonheur du peuple et la gloire réelle d'une nation. Mais avec cette mansuétude, avec ce génie qui n'appartient qu'à elle, jugeant les événements de chaque jour et les évolutions de chaque siècle au point de vue de l'éternité, elle ne repousse point une nation lorsque celle-ci cherche, dans des voies nouvelles, son bonheur et sa gloire, et elle consent même à s'associer à elle dans cette recherche, certaine alors que le peuple ne s'écartera pas des règles éternelles de la justice que Dieu a déposées au fond de l'âme humaine

Un nouveau Concordat, œuvre de sagesse, fut conclu entre le Pape et le jeune Chef du gouvernement, et la société française, reposant désormais sur deux bases, l'une religieuse, l'autre civile, peut être représentée non plus comme une circonférence se mouvant autour d'un seul pivot, mais comme une ellipse décrivant autour de deux foyers sa courbe harmonieuse.

Mais à peine cet accord a-t-il soixante ans d'existence, à

peine la société a-t-elle eu le temps d'en apprécier le mérite et les bienfaits que nous le voyons déjà dénoncé par toutes les sectes comme stérile, hostile au progrès et qu'il semble frappé de mort.

C'est en vain que les honnêtes gens, ceux qui veulent rester chrétiens, s'efforcent de concilier l'inconciliable. L'inexorable logique des prémisses posées entraîne fatalement à cette heure tous les esprits jusqu'aux dernières conséquences des principes que l'on a proclamés si haut ceux du monde moderne, ceux de l'avenir!

Hier, on paraissait s'étonner que la divinité de Jésus-Christ pût être aussi scandaleusement attaquée au nom de la science moderne; mais l'on oublie donc que, depuis de longues années déjà, la morale de Jésus est bien autrement battue en brèche, sapée et à jamais condamnée au nom de cette même science!

Depuis longtemps déjà ne nie-t-on pas le dogme chrétien de la chute du premier homme? Ne conseille-t-on pas au peuple de délaisser l'idée toute chrétienne du « sacrifice » et de ne rechercher le bonheur que dans l'assouvissement de tous ses désirs, de tous ses appétits, de toutes ses passions?

Depuis longtemps déjà, le développement incommensurable de l'industrie n'a-t-il pas pour prôneurs, pour apôtres, des économistes qui ne veulent voir dans la société qu'une sorte de « raison sociale » et ne donnent pour but à l'humanité que la richesse, mais la richesse s'écoulant sans cesse et se dépensant toujours? « Les plus riches nations, a-t-on dit, sont celles qui produisent et consomment le plus. »

Que devient alors l'épargne, ce vieux mot? Que devient l'économie, cette vieille vertu? Ne semble-t-il pas vraiment que tout homme, tout travailleur n'ait, dans la société, d'autre fonction que celle d'un crible tenu de rendre tout ce qu'il reçoit?

Mais on fait sonner bien haut, un mot, une conquête, une création; on dit que la société actuelle a organisé le crédit; on dit plus, on affirme qu'elle l'a inventé. Est-ce bien exact, et ne devrait-on pas plutôt dire qu'elle en abuse?

Le crédit, c'est l'escompte du travail du lendemain; ainsi compris et dans ces limites raisonnables, le crédit est en soi une chose bonne et utile. Mais si, au lieu de reposer sur le travail, le crédit repose sur des spéculations hasardées, sur des éventualités nébuleuses, sur l'agiotage, il devient alors un danger pour ceux qui y ont recours, et lorsque, dépassant toutes les bornes imaginables, les États comme les particuliers ont ainsi usé non-seulement du travail de l'avenir, mais abusé également de toutes les ressources pouvant provenir d'impôts et de combinaisons financières de toute sorte, le danger prend dans ce cas des proportions colossales. Il ne menace plus seulement tel ou tel citoyen, telle ou telle banque, telle ou telle compagnie de commerce ; c'est la société tout entière qui est atteinte ; le chômage y paralyse bientôt le travail jusque dans ses sources les plus fécondes, et la société n'a plus alors d'autre perspective qu'une liquidation désastreuse, qu'une banqueroute générale et universelle.

Pourtant, toute une école de philosophes, tout un système d'économistes s'est fondé sur cette extension démesurée, sur cet essor indéfini du crédit. Réalisant ainsi une vieille pensée chère aux enfants d'Israël, les Saint-Simoniens ont cru, et ils ont eu à peu près raison jusqu'à cette heure, démolir par cette funeste tendance ce qui pouvait les gêner, les entraver dans leur prise de possession du monde chrétien.

Nous ne sommes pas assez injustes pour nier les services qu'ils ont pu rendre en prenant l'initiative de certains grands travaux comme les chemins de fer, les exploitations de mines, la création de ports, de services maritimes, etc., etc.; toutes ces choses rentrent dans ce que nous appellerons le crédit normal, l'escompte raisonnable du travail probable des populations. Mais il y a un abîme entre ces travaux plus ou moins rapidement faits et le système de spéculation, d'agiotage sur ces entreprises elles-mêmes comme sur toutes autres choses. Le matérialisme saint-simonien réduit tout à des questions, non de finance, mais de spéculation ; pour lui, le monde entier est un *omnium* qu'il faut trafiquer et trafiquer sans cesse, à la hausse comme à la baisse, afin qu'à chacun de ces mouvements oscillatoires, à chacune de ces marées, une couche de limon d'or vienne se déposer sur la plage, nous voulons dire dans la caisse de ces habiles agioteurs.

Avec une âpreté et une habileté d'exécution bien rare, cette secte est parvenue en moins de trente ans à occuper toutes les issues de la société, à s'emparer de toutes ses forces vives et à en faire des châteaux-forts, à l'abri desquels elle rançonne le malheureux travailleur et le petit rentier. Proudhon a mille fois raison lorsqu'il appelle cela une féodalité financière, féodalité qui a tous les défauts, toutes les exagérations de la véritable, sans en avoir aucune des qualités, et, supputant ce que coûte à la société l'entretien de son nouveau minotaure, le mordant polémiste ajoute ironiquement : « Que sont auprès de ces sommes fabuleuses, les vingt millions de rachats féodaux pour lesquels nous avons fait notre révolution de 1789 ? »

Encore, si les Saint-Simoniens se contentaient de cela, s'il leur suffisait d'être riches et de pouvoir s'enrichir davantage. Mais ils visent plus haut, et se font de leurs richesses un levier pour de nouvelles conquêtes. Ils semblent en effet systématiquement vouloir démolir ce qui, dans la constitution actuelle de la société, est contraire à l'idéal de leur doctrine. Car, qu'on ne l'oublie pas, ils forment une secte sociale ; ils ont débuté par afficher hardiment leurs projets, et ce n'est que devant la répulsion publique qu'ils se sont éclipsés. Mais leurs richesses ne leur ont pas fait oublier la doctrine du Maître, et ils travaillent à son triomphe avec autant d'ardeur que le premier jour.

Tout leur sourit, ils commandent en maîtres; ils dirigent les États à leur guise. Au nom de la liberté du commerce, ils abaissent toutes les barrières, ils détruisent toutes les frontières et disent hautement qu'ils préparent le règne de l'unité sur la terre, ce rêve de tout socialiste, et la fraternité de tous les hommes, ce but du Christianisme, mariant ainsi avec la plus grande habileté l'utopie funeste à l'idéal désirable.

Pour nous, restés modestement catholiques et Français, nous voyons qu'ils rendent de cette manière la France solidaire de toutes les crises commerciales les plus lointaines, et qu'ils la livrent sans défense à la foi, toujours punique, de certaine Carthage moderne, alors que, par son heureuse situation et la diversité de ses produits, elle pourrait presque, si elle était égoïste, se suffire à elle-même.

Il y a deux ans à peine, un des plus puissants coryphés de la secte proposait audacieusement au chef d'un des grands États de l'Europe de trafiquer une de ses provinces, ne mettant point en doute qu'il ne consentît à faire cette bonne spéculation. Et la dignité et l'honneur d'une couronne! ces novateurs font fi de tout cela.

Demain, à l'aide de la mobilisation complète de la propriété foncière, mobilisation qui est leur rêve intime, demain les Saint-Simoniens parviendront à rendre l'existence de la famille à peu près impossible. L'homme se réfugiera alors dans le célibat; le mariage disparaîtra de la société; mais la promiscuité régnera partout, et un jour viendra où l'on accueillera comme un bienfait quelque loi de l'État donnant à la femme, devenue *libre*, le pain de chaque jour pour nourrir *ses* enfants.

Comment de simples particuliers ont-ils pu, en trente ans, acquérir une pareille influence? Quels moyens ont-ils mis en œuvre pour s'enrichir et enlacer ainsi la société dans leurs filets?

C'est l'association qui a fait ce miracle, c'est l'association qui a été pour eux un levier tout-puissant.

« La principale attention des Romains, dit Montesquieu, était « d'examiner en quoi leur ennemi pouvait avoir de la supé- « riorité sur eux, et d'abord ils y mettaient ordre... Quand ils « connurent l'épée espagnole, ils quittèrent la leur... » Faisons donc comme les Romains, et servons-nous des propres armes de nos adversaires.

Mais quoi! ces armes sont nôtres, et c'est, au contraire, les Saint-Simoniens qui nous les ont ravies et qui les retournent aujourd'hui contre nous. En effet, dans le monde chrétien, l'association s'est produite sous toutes les formes possibles et imaginables. L'œuvre civilisatrice des couvents a été bien autrement profonde et vivace que ne le sera celle des Saint-Simoniens. Après que l'Empire romain se fut affaissé dans un épuisement général et au milieu d'un dépeuplement qui semblait faire présager la fin du monde, ce sont les couvents, des associations de travailleurs, qui les premiers ont repris la pioche, la bêche, la charrue, et ont défriché, ensemencé, cultivé à nouveau presque toute l'Europe.

D'autres chrétiens associés, des frères pontifices, se sont adonnés à l'œuvre, bienfaisante aussi, de construire des ponts, de percer des routes.

D'autres se sont livrés en commun à l'étude des lettres et des sciences ; ils nous ont laissé des monuments admirables de patience et d'érudition.

D'autres enfin, Templiers, Chevaliers de Saint-Jean, Teutoniques, de Calatrava, etc., etc., se sont réunis pour la défense des chrétiens et l'exercice de l'hospitalité.

L'ardeur de la charité et la puissance de l'association ont fait faire des miracles aux disciples de saint Vincent de Paule et à ces innombrables associations catholiques qui, répandues dans le monde entier, se livrent sans trève et sans relâche depuis des siècles aux plus rebutants labeurs et, pour l'amour de Jésus-Christ, secourent leurs semblables dans leurs maladies et dans leurs malheurs.

En industrie, pour le commerce, que d'œuvres gigantesques, que de prodigieux travaux ont été entrepris par des associations catholiques sous la bannière de quelque saint Patron !

Jamais le principe de l'association n'a été si fécond que sous l'influence chrétienne et surtout sous le souffle catholique ; aussi peut-on dire qu'une société vraiment catholique n'est que l'association de tous ses membres, *mais selon la condition de chacun ou les tendances particulières et l'activité de son esprit* (1).

Telle est, selon nous, la formule de l'association catholique ; nos pères se servaient même d'un mot à la fois plus doux et plus

____

(1) C'est par l'association des capitaux que les Saint-Simoniens sont parvenus à la puissance ; ce sera donc par quelque association financière que l'on devra combattre leur funeste influence. Aussi bien, une ASSOCIATION FINANCIÈRE est-elle la seule forme sociale qui permette aujourd'hui quelque dessein suivi et puisse survivre ainsi à plusieurs générations, comme autrefois la propriété territoriale survivait, par les substitutions, à ses détenteurs, à ses usufruitiers.

caractéristique encore ; ils disaient : « La Confrérie, » et ils s'appelaient « confrères ! »

La conception moderne de l'association comprend-elle au même degré cet esprit de fraternité ? Nous ne le pensons pas et, pour dire vrai, il nous semble que l'association telle que la conçoivent les économistes et les Saint-Simoniens n'est guère que l'exploitation de l'homme, du travailleur par le capital, ou bien l'exploitation de l'actionnaire par quelque haut baron s'intitulant modestement « administrateur ».

Voilà donc les fruits que la société actuelle recueille lorsqu'elle brise avec les errements chrétiens, avec la doctrine catholique, et s'abandonne à ces audacieux novateurs, à ces prôneurs d'un progrès indéfini qui lui annoncent avec tant d'assurance l'avénement prochain d'une félicité parfaite !

Chose remarquable ! de même que l'association financière du XIXᵉ siècle n'est que l'exploitation de l'homme par le capital, exploitation mille fois plus cruelle et plus impitoyable que celle de l'homme par son semblable, de même l'association politique de notre époque n'est guère que *l'embrigadement* des hommes sous la conduite de chefs officiels ou occultes qui, dans l'un ou l'autre cas, ne laissent, quoi qu'on dise, qu'une bien petite porte à la liberté et froissent à un singulier degré la dignité de l'homme.

Et pourtant, jamais l'on n'a fait retentir plus haut le mot magique et si chrétien de Liberté. A ce mot et sous ce drapeau, hier, nous venons tous de voir, ceux qui sont pour Luther et ceux qui sont pour le Pape, démocrates et conservateurs, socialistes et catholiques, se réunir, se concerter et se tendre la main.

Il s'agissait alors d'une coalition, c'est-à-dire d'une association momentanée de toutes les opinions, afin de donner une leçon au gouvernement, de battre en brèche le Pouvoir, d'essayer de pénétrer dans la place et de le démolir. Par qui le remplacer ? C'est la chose sur laquelle il importerait le plus qu'on fût d'accord, mais c'est à quoi l'on voulait songer le moins. « Démolissons d'abord, nous verrons après ! »

Telles sont les mœurs politiques du jour ; après quatre-vingts ans de révolutions, nous devrions, au moins, avoir acquis quelque expérience; il n'en est rien…. De la part des socialistes, des économistes, des libres-penseurs, des démocrates, de tous ceux qui, peu ou beaucoup, sont hostiles à la doctrine catholique de l'autorité, cela ne doit guère surprendre; mais que des catholiques se laissent entraîner et fassent cause commune avec tout ce monde, on a lieu de s'en étonner, de s'en affliger, et de s'effrayer même pour l'avenir.

La liberté n'est-elle donc plus une fleur éminemment chrétienne? N'est-elle plus l'épanouissement naturel d'une société constituée selon la loi du Christ, selon l'idéal de l'Église? La liberté, la vraie liberté, ne sort-elle donc plus des seules entrailles d'une hiérarchie chrétienne comme un fruit béni de cet arbre béni de Dieu : une nation vivant chrétiennement?

La liberté n'existe que dans l'ordre et l'ordre suppose une certaine pondération, il exige une certaine hiérarchie. Cela est si vrai et si bien senti par tout le monde, qu'au milieu du régime essentiellement égalitaire de la France actuelle, on veut, pour nous rassurer sur la stabilité de la société, nous faire apercevoir une espèce d'organisation sociale, une sorte de hiérarchie sociale dans la hiérarchie tout administrative des fonctionnaires. Si les fonctionnaires sont une hiérarchie, ce n'est qu'en face des honneurs et du budget; mais quelle est, quelle peut être leur indépendance? Jusqu'où peut aller leur action pondérante? Pour gravir les mille degrés de la carrière administrative, le gouvernement ne leur demande que du zèle; ils en ont toujours donné, ils en donneront toujours.

L'égalité absolue prônée par les démocrates et par les socialistes ne séduit tant les esprits que parce qu'elle procède du principe de la fraternité universelle que le Christ a apporté parmi nous.

La doctrine chrétienne proclame bien haut l'égalité des hommes devant Dieu ; l'Église n'a jamais méconnu cette vérité, et sur ce point encore, en brisant le moule de l'ancien régime défiguré par mille excès, les hommes de 89, loin de s'écarter de la doctrine chrétienne, ne faisaient, évidemment sans le vouloir, que la confirmer et l'appliquer. Mais déduire nécessairement de l'affirmation de l'égalité naturelle et civile la conséquence d'une absolue égalité politique, n'est-ce point confondre deux choses tout à fait distinctes et n'y a-t-il pas lieu, à ce sujet, de rappeler les paroles de Montesquieu sur l'unité et de dire : « La grandeur du génie ne consisterait-elle pas mieux à savoir en quoi il faut l'égalité et en quoi *la hiérarchie* est nécessaire ? »

L'égalité démocratique, au surplus, n'est point une chose si nouvelle dans le monde et la France n'a peut-être point à se glorifier de l'avoir appliquée la première. Dans leur ignorance de tout ce qui n'est pas leur pays, beaucoup de Français ont dû apprendre hier avec un certain étonnement, de la bouche d'un très-haut dignitaire de l'Empire, que la Russie, la Russie elle-même, était une démocratie.

Nous ne pensons pas cependant que jamais, jusqu'à ce jour, l'arbre de la liberté ait pu fleurir dans les froides régions de l'Empire des Tsars.

Mais si, pour bien en juger, la Russie paraît encore trop nouvelle comme nation, depuis plus de cinq siècles l'Empire Ottoman est là debout offrant à la Chrétienté l'image de la plus vaste constitution égalitaire que le monde ait jamais connue (1). Les sujets du Sultan sont-ils donc des hommes libres et dans cet immense et séculaire Empire de l'égalité, où donc est la Liberté ?,.. « Arrêtez! « va-t-on nous dire, gardez-vous de conclure. Le passé n'est plus « et voici le présent qui s'avance les mains pleines de promesses:

« L'Empire Turc est en progrès ; le Sultan veut enfin imiter « sérieusement les institutions de l'Europe libérale ; s'il n'ouvre « pas encore les portes de son Empire à la liberté, il les ouvre du « moins à la tolérance. Par ses ordres, des jeunes gens des di-« verses religions de l'Empire vont enfin être admis autour de « sa personne et pourront y gagner l'épaulette d'officier ; bien « plus, il leur est défendu, sous peine d'être chassés de l'armée, « de renier le Christ et d'embrasser l'Islamisme. »

C'est peu connaître les Orientaux et surtout les Turcs que de croire à la sincérité de ces déclarations. Toutes ces choses ne

(1) « L'empire turc est une théo-démocratie. » Comte Escayrac de Lauture.

sont ordonnées et publiées qu'afin que cela soit lu par l'Europe chrétienne. C'était le système du vieux Méhémet-Ali et il lui a trop bien réussi en Égypte pour que les Turcs de Constantinople n'aient pas le désir de l'appliquer et d'en profiter.

Au fond de ces fameuses ordonnances, il n'y a que l'intention d'avoir sous la main les jeunes gens des premières familles chrétiennes de l'Empire et de les garder comme otages; il y a la volonté d'abaisser encore, de niveler tout à fait les quelques hautes têtes de pavots qui ont survécu à cinq siècles de luttes et de résistances. Quant à la défense faite aux Chrétiens d'embrasser l'Islamisme, si elle était sérieuse et sincère, elle indiquerait que le Sultan ne croit plus à Mahomet et qu'il est à la veille de se faire Chrétien. Que les vieux Musulmans se rassurent! Abdul-Aziz est loin d'en être là.

Mais si l'histoire de l'Europe ne nous offre que le spectacle de ces deux tristes démocraties courbant servilement la tête sous l'omnipotence d'un Maître, en revanche on nous signale l'Amérique sur laquelle, il y a quatre-vingts ans, s'est levé le soleil radieux d'une démocratie dont les rayons, traversant l'Atlantique, viennent nous éblouir de leur splendide éclat.

« Là, dit-on, un peuple de géants a grandi, qui a résolûment « affirmé la doctrine du *self-government* et fait de la Liberté ab- « solue la base de sa Constitution. »

Oui, cela est vrai; issu de quelques hardis pionniers de notre vieille Europe, le peuple américain a grandi en se développant librement au milieu de l'immense continent transatlantique; cependant, à peine a-t-il deux siècles d'existence, à peine a-t-il quatre-vingts ans de Constitution, et déjà nous voyons le colosse se déchirer et s'affaisser dans les horribles convulsions d'une guerre civile acharnée et impitoyable.

La guerre actuelle, en effet, est une guerre civile et non une guerre *sociale*. En vain a-t-on voulu donner le change à l'Europe; en vain les Yankees ont-ils dénoncé à l'indignation du monde chrétien l'institution de l'esclavage, et proclamé officiellement la liberté de tous les noirs. L'Europe n'a pas tardé à voir clair dans cette tactique; elle connaît trop bien l'impitoyable rigueur des

Yankees, ce peuple de hyènes, selon l'expression de l'illustre Président Jefferson Davis, l'implacable ostracisme de ces puritains contre la race noire, pour rester la dupe de leurs solennelles déclarations.

Si, dans un certain sens, la crise américaine est une question sociale, ce n'est point le droit contesté de posséder, de vendre, de trafiquer une certaine race d'hommes, ce n'est point l'affirmation et la dénégation de l'esclavage qui lui donnent ce caractère. Le déchirement et la rupture de l'Union ont une cause sociale, mais cette cause ne gît que dans l'immoralité profonde, dans l'immense et inguérissable corruption de la démocratie américaine (1). Quant à la cause politique de cette rupture, quant à sa cause principale, elle provient du besoin, pour certaines fractions du peuple qui ont conservé davantage les traditions gouvernementales de l'Europe, de se préserver de cette corruption qui ne respecte rien, de cette anarchie qui menace de tout engloutir, de rompre avec cette doctrine d'absorption universelle, moderne écho de la Rome antique, doctrine dont elles se sentent aujourd'hui les premières victimes, doctrine dite de Monroë, à l'adresse des deux Amériques, et peut-être un jour aussi à l'adresse du monde entier; enfin, elle provient du désir, chaque jour plus ardent chez elles, d'en revenir à la Constitution de l'Europe chrétienne, d'établir un sérieux équilibre politique et de voir les deux Amériques s'organiser définitivement en nations.

Le gouvernement français ne s'est point trompé sur la signification de la lutte actuelle dans « l'Union. » Il n'avait point à

______

(1) Sénat des États-Unis, session 1859-60 :

« M. Tombs. — Nous parlons de la corruption du Mexique, de l'Espagne, de la « France et autres gouvernements, et cela avec raison au dire de tous ; mais pour « moi, et d'après mon expérience et mes observations qui sont considérables sur ce « point, je ne crois pas qu'il y ait aujourd'hui sous la calotte du ciel un gouverne- « ment aussi corrompu que celui des Etats-Unis.

« M. Hale. — Ni moi non plus, je ne le crois pas.

« Plusieurs sénateurs. — C'est parfaitement vrai.

« M. Tombs. — Et cette corruption se rencontre particulièrement dans ses « chambres législatives!... » (Extrait de la brochure de M. Eugène Musson, intitulée : *Lettre à Napoléon III sur l'esclavage aux États du Sud*, par un créole de la Louisiane. Paris, 1862.

suivre la conduite de Louis XVI ; les temps ne sont plus les mêmes ; la politique audacieuse et envahissante des Yankees exigeait, au contraire, que l'Europe prît pour l'avenir ses garanties.

Heureusement délaissée par l'Angleterre, la France en ce moment, par la reconstitution sociale du Mexique et sa réorganisation, prend au nom de l'Europe ces garanties nécessaires. Du haut du plateau de Mexico, elle dit à l'ambitieuse République anglo-saxonne : « Tu n'iras pas plus loin ! » Et à l'aide de son intervention armée, à l'ombre de ses baïonnettes, non-seulement elle convie le peuple mexicain à sortir enfin de l'anarchie démocratique au milieu de laquelle il s'épuise depuis quarante ans, mais encourageant en même temps les autres branches des peuples américains, elle semble leur crier : « Patience, votre heure viendra aussi ! Alors vous me trouverez pour vous ce que je suis aujourd'hui pour la nation mexicaine. »

La politique française est donc en Amérique ce que l'aurait souhaitée Chateaubriand lui-même, essentiellement chrétienne et éminemment catholique. C'est pourquoi nous l'avons vue tant attaquée, tant calomniée, tant vilipendée par ceux qui désirent l'affaiblissement du Catholicisme, c'est-à-dire du principe de l'Ordre, de l'Autorité tempérée par la vraie Liberté et par ceux qui, sous des formes républicaines et socialistes, rêvent la transformation, ou pour mieux dire, l'anéantissement du Christianisme lui-même.

Frappés cependant de la grandeur du but que la France se propose d'atteindre, ils se sont ingéniés alors à dénaturer la question, et, par leurs prophéties de ruine et de banqueroute, ils sont un instant parvenus à ameuter contre elle l'opinion publique. Le jour s'est déjà fait et se fera mieux encore sur ces exagérations systématiques, et l'avenir se chargera de rendre sur ce point à l'Empereur la justice que le présent semble lui refuser.

Autant, avec la fougue de son génie césarien, Napoléon Ier a fait de mal aux peuples, autant il les a écrasés, autant il a voulu les niveler, les broyer dans sa conception funeste et anticatholique d'un Empire d'Occident, autant, mûri par l'étude et par l'expérience, Napoléon III s'attache à la cause des peuples et se constitue leur champion zélé. Quelques fautes, sans doute, ont été commises ; des erreurs, des faiblesses ont sans doute souvent dérouté l'opinion publique et obscurci le but qu'il poursuit ; ces fautes, cependant, ces erreurs, ces faiblesses prennent leur source dans les difficultés de sa situation, si même elles ne sont pas un calcul... Mais plus il avance dans la vie, plus sa politique se dessine, plus il se rattache à la cause toute chrétienne, toute catholique des nationalités. Déjà nous le voyons donner la main à un jeune Prince qui a dans ses veines du sang de Charlemagne, et le voir avec plaisir se dévouer en Amérique à cette noble cause ; et demain peut-être, à l'idée assurément fort louable et fort chrétienne de ce Congrès universel que le cabinet britannique a fait avorter, nous verrons succéder la pensée plus pratique d'une Union, d'une Ligue des États catholiques pour résister enfin à l'action dissolvante de la protestante Angleterre qui se sert avec tant d'habileté des ferments anarchiques que recèle toute démocratie afin de provoquer l'affaiblissement général des nations et d'élever sur leurs ruines le colossal édifice d'une domination universelle.

§ III

La France est une nation vraiment privilégiée, et dont la mission semble inspirée de Dieu. Tandis qu'en Europe elle est le plus ferme soutien de l'Église et de la Chrétienté, tandis qu'en Amérique elle se dévoue pour arracher la nation mexicaine aux étreintes du protestantisme yankee, en Orient, lorsqu'elle favorise l'essor des nombreuses nationalités qui gémissent sous le despotisme des Turcs, sa politique tend encore à fortifier l'Église et agrandir la Chrétienté. Les merveilleuses annales de l'Orient signalent en traits de feu cette politique de la France déjà bien des fois séculaire. Lorsque nous interrogeons l'histoire de cette partie du monde, tout en effet nous y parle du Christ, mais tout y parle aussi de notre patrie; catholiques, nous assistons aux luttes et aux souffrances du Christianisme naissant; Français, nous lisons à chaque page les hauts faits des enfants de la France. Aussi, pour découvrir et rendre, nous voulons l'espérer, évidente à tous les yeux la solution normale de la question d'Orient, il nous suffira de parcourir rapidement l'histoire de dix siècles, et nous dégagerons ainsi cette question aujourd'hui si complexe des obscurités qui dérobent maintenant aux regards ses véritables proportions et des préjugés sous lesquels certains intérêts et certaines passions prétendent l'ensevelir.

A son origine et pendant des siècles, la question d'Orient fut une question religieuse; c'était la lutte du Christianisme contre l'Islamisme, et parmi tant de nations qui y prirent part, la France garda toujours le premier rang. La cause du Christianisme devint sa propre cause; fille aînée de l'Église, la France tint à honneur de protéger et défendre sa mère, aussi fut-elle bientôt reconnue par tous les peuples comme l'épée de l'Église latine et le bouclier de la Catholicité.

Les Croisades, où elle joua un si grand rôle, ne furent que les suites et la conséquence de la bataille de Poitiers. Pierre l'Hermite, Godefroy de Bouillon, Baudouin, Philippe-Auguste et saint Louis, continuèrent l'œuvre de Charles-Martel. Il fallait, à tout prix, contenir et repousser les peuples de l'Islam, car ils menaçaient sans cesse d'envahir l'Europe et d'y anéantir le Christianisme; aussi, à plus de huit siècles de distance, comme on avait vu les Sarrazins s'apprêter à passer la Loire, on vit les Turcs être sur le point de prendre Vienne; mais ce jour-là, ce fut Sobieski qui sauva encore une fois la Chrétienté d'un épouvantable péril.

L'Église, dans la personne des Papes, se servit habilement de ces gigantesques expéditions d'outre-mer, de ces torrentueuses caravanes qui traversaient toute l'Europe pour ébaucher une nouvelle organisation politique du monde, une sorte de confédération européenne, et préparer ainsi la formation de la République des États chrétiens. A ce seul point de vue, les Croisades méritent toute notre admiration comme une heureuse et féconde tentative, puisqu'on ne peut nier, quoique leur but immédiat n'aient été atteint qu'un instant, quoique la possession du Saint-Sépulcre et de Jérusalem ait duré moins d'un siècle, qu'elles aient exercé la plus grande influence, non-seulement au point de vue politique de l'unité dans la Chrétienté, mais encore au point de vue du développement de la civilisation et du commerce par le contact fréquent de tant de nations et par l'esprit d'aventures qu'elles entretinrent longtemps dans les esprits.

Quelle autre nation brilla plus que la France pendant ces siècles d'épopées chrétiennes! Mais ce ne fut pas seulement dans les combats, par de brillantes passes d'armes et de fulgurants coups d'épée que les héros français s'illustrèrent. A une fougueuse valeur ils joignirent souvent les solides vertus qui s'imposent au peuple et commandent l'obéissance. Aussi, partout où ils parurent, imprimèrent-ils la trace de leur passage par quelque colonisation ou quelque établissement qui, sans doute, ne réussirent pas tous, mais dont plusieurs brillèrent longtemps d'un vif éclat.

Si les empereurs latins de Constantinople n'eurent qu'un règne éphémère, si les comtés· d'Edesse, les principautés d'Antioche, de Tripoli et le royaume même de Jérusalem ne durèrent qu'un siècle à peine, les établissements français d'Arménie, de Chypre, de Morée (1), de la Sicile et de la Grande-Grèce, et surtout ces admirables institutions hospitalières et militaires des Chevaliers du Temple et de Saint-Jean de Jérusalem, résistèrent plus longtemps et firent admirer, pendant des siècles, au monde entier leur vigoureuse organisation.

Aussi, lorsque l'on étudie ces magnifiques annales de l'expansion de la race française par toute la terre, il n'est plus permis de refuser à cette glorieuse race, comme on le fait systématiquement de nos jours, le génie de la colonisation.

On nous montre l'Angleterre, on nous vante l'énergie coloni-

---

(1) Le Catalan R. Montaner constate, dans sa Chronique, qu'en 1309, c'est-à-dire plus d'un siècle après la chute du royaume de Jérusalem, la plus noble chevalerie du monde était alors la chevalerie française de Morée, et que l'on y parlait aussi bon français qu'à Paris.

satrice de la race anglo-saxonne, mais on ne veut pas réfléchir que l'expansion anglaise ne date que de deux siècles à peine, et que presque partout, elle s'est substituée à nos conquêtes et a hérité de nos efforts. C'est la France qui colonisa une partie des Indes orientales, c'est elle qui peupla la Louisiane et le Canada, e chose remarquable, quoique séparées de la mère-patrie depuis longtemps et sans espoir de retour, nos anciennes colonies ont gardé pour la France le plus religieux et le plus tendre attachement.

L'Angleterre en peut-elle dire autant? La plus ancienne de ses colonies, l'Amérique, s'est séparée violemment d'elle après cent ans à peine d'existence, et si l'Australie, qui ne date que d'hier, lui reste encore fidèle, c'est parce que son altière maîtresse a consenti à ne plus lui être unie que par le lien bien fragile d'une nominale suzeraineté.

Mais, aux prodiges de la colonisation en Californie et en Australie, on nous oppose notre nouvelle conquête, l'Algérie, qui donne à peine quelques résultats après avoir, pendant trente ans, été la cause d'énormes sacrifices en hommes et en argent.

Sans aborder l'étude complète de ce sujet et sans vouloir examiner quelle est la valeur morale, réelle de ces nouvelles sociétés californienne et australienne, que quelques esprits ignorants ou troublés saluent de loin comme l'idéal et le refuge de la liberté, nous nous permettrons seulement d'indiquer les trois causes qui, suivant nous, rendirent la colonisation française en Algérie si lente et si coûteuse.

D'abord, nulle part, ni en Amérique au milieu des Indiens, ni en Australie en face des convicts, les Européens ne se trouvèrent en présence d'une race aussi énergique et aussi belliqueuse que les Berbers et les Arabes. Ensuite, on ne peut s'empêcher de reconnaître qu'à l'époque où l'armée française débarqua en Afrique, toute tradition en fait de colonisation s'était perdue en France, depuis près d'un siècle, engloutie dans le gouffre d'oubli où avaient disparu et la foi catholique et la connaissance de la véritable mission de la nation française. L'armée avait, sur ce point, une éducation complète à faire, car plusieurs de ses chefs considéraient comme indigne de l'officier et même du soldat de s'occuper soit de routes, soit d'autres travaux d'utilité publique; puis, lorsque avec ce bon sens qui est l'apanage de notre nation, l'armée se fut rendu compte de ses vrais devoirs, il y eut encore pour elle à triompher de l'ignorance de l'administration centrale.

Enfin, peut-être aussi l'esprit de nos institutions modernes est-il un obstacle au rapide développement de notre colonie africaine.

Le régime démocratique actuel de la France est, en effet, complétement opposé aux mœurs aristocratiques et patriarcales des Arabes. Vouloir, à cause de la proximité de la métropole et par une déplorable manie d'uniformité, démocratiser l'Afrique, n'est-ce pas se créer à plaisir de grandes difficultés, retarder pour longtemps, peut-être atrophier pour toujours le naturel développement de la civilisation parmi les Arabes?

Reprenons notre examen historique.

La première croisade avait été prêchée en France, et ce furent des Français qui, les premiers, traversèrent l'Europe sous la conduite de Pierre l'Hermite, ou accoururent se ranger sous la bannière de Godefroi de Bouillon et de Robert de Normandie.

A quatre cents ans de distance, alors que l'Europe fatiguée détournait ses regards de l'Orient, alors qu'il n'y avait plus que les chevaliers de Rhodes, une poignée de chrétieus, qui combattissent les Turcs, ce fut encore un Français, l'argentier Jacques Cœur, qui, dans son exil, se prit à rêver une nouvelle croisade; nommé par le Pape chef de cette expédition, il mourut malheureusement à Chio avant d'avoir pu accomplir son généreux dessein.

Toujours, jusqu'à cette époque, la politique de la France en Orient avait été fidèle à ses plus antiques traditions. Mais François Ier brisa avec ces errements. Pour résister avantageusement à Charles-Quint, le roi de France, le roi très-chrétien, le fils aîné de l'Église sollicita très-humblement, disent les documents, l'alliance du triomphant et orgueilleux Soliman, et les rivages que baigne la Méditerranée virent alors un bien étrange spectacle : les galères du roi de France voguant de concert avec la flotte de Barberousse, le croissant allié aux fleurs de lis !

Sans doute, de bien graves motifs faisaient presque une loi au roi de France de contracter cette alliance bizarre ; mais ses successeurs devaient-ils imiter sa conduite lorsque, après Charles-Quint et Philippe II, la puissance de la maison d'Autriche déclinait chaque jour ? Malheureusement le premier pas avait été fait ; le Turc commençait à être toléré en Europe et la politique de François Ier devenait pour la France une nouvelle tradition. Mais nous devons remarquer que cette déviation de l'antique politique de la France ne fut possible pour François Ier qu'à cause de l'affaiblissement général de la foi catholique alors battue en brèche par Luther et Calvin, auxquels devaient bientôt succéder les philosophes, les encyclopédistes, les francs-maçons et, de nos jours enfin, les socialistes, les saint-simoniens et tous ceux qui s'appellent orgueilleusement « libres-penseurs. »

Cependant, il le faut reconnaître, même en devenant les alliés des Turcs, les rois de France ne désertaient pas absolument pour cela toutes les anciennes traditions françaises en Orient. Grâce à ces « traités d'amitié, » qui furent plutôt des « traités de commerce, » grâce aux « Capitulations, » le sort des Chrétiens d'Orient ne cessa pas d'intéresser nos rois et d'être la constante préoccupation de la politique française ; aussi les « avanies » que les Turcs faisaient subir sans cesse aux malheureux Chrétiens mettaient-elles à chaque instant en péril l'alliance de la France avec les Ottomans, et nous font parfaitement comprendre la réponse du Grand Visir, Kyprisli, lorsqu'il reçut M. de Nointel comme ambassadeur de Louis XIV : « Les Français, lui dit-il, sont en effet d'anciens amis que nous trouvons constamment parmi nos ennemis. »

Louis XIV, avec ce vigoureux coup d'œil qui lui permettait, embrassant toute l'Europe, de lutter en même temps contre l'Allemagne, l'Espagne, l'Angleterre et la Hollande, Louis XIV, disons-nous, songea plus d'un fois à déchirer définitivement tout pacte d'alliance avec les Ottomans. Par ses ordres, des agents français furent envoyés en Turquie afin de sonder les ports et d'étudier les moyens de s'en emparer. Il nous reste de ces projets un curieux ouvrage de Delacroix, intitulé : *la Turquie chrétienne*.

Les revers que subirent en Europe les armes du grand Roi, le détournèrent de ce glorieux projet et, sans rompre officiellement avec le Sultan, il se contenta d'autoriser le duc de Beaufort, accompagné de nombreux gentilshommes, à arborer, non pas l'étendard de la France, mais celui de l'Église, et à débarquer à Candie pour essayer d'en chasser les Turcs. On sait la malheureuse issue de cette expédition ; l'histoire raconte aussi tout bas les mœurs étranges de ces nouveaux soldats de la Croix ; qu'ils dorment en paix, une mort glorieuse les a purifiés !

Mais nous arrivons à la fin du xviiie siècle, la Monarchie française s'est écroulée ; à sa place, une jeune République secoue violemment toute la vieille Europe en faisant retentir dans le monde le mot magique de liberté. Il semble, à entendre sa voix éclatante, que jusqu'à ce jour les peuples aient vécu dans la barbarie et croupi dans une honteuse servitude ; pourtant les philosophes qui gouvernent en ce moment la France veulent bien reconnaître, dans leur profonde érudition, que quelques puissants génies ont, dans les siècles passés, travaillé au bonheur de l'humanité ; Solon, Lycurgue, Socrate, Platon sont vénérés par eux et ils proclament Jésus, notre divin Jésus, « le premier des sans-culotte. »

Ah ! s'il en est ainsi les Chrétiens d'Orient, les malheureux disciples du Christ peuvent encore compter sur l'appui de la France. La République tiendra à honneur de les délivrer, car s'il y a dans le monde quelque peuple qui soit esclave, c'est la nation grecque, ce sont les Arméniens, les Roumains, les Serbes, les Bulgares, ce sont enfin tous les Chrétiens sujets du Sultan.

En effet, voici une flotte française qui sort de Toulon ; une armée tout entière et ses brillants généraux sont à bord ; elle cingle vers le Levant ; plus de doute, c'est une mission d'humanité qu'elle va accomplir, et le jeune héros qui commande en chef a le regard trop clair et trop profond pour ne pas avoir discerné les véritables intérêts de la France, sa constante poli-

tique en Orient ; il va déclarer la guerre aux Turcs et affranchir tous les Chrétiens.

Mais hélas ! de mesquines passions assombrissent sa pensée. Il se jette sur Malte, il abaisse volontairement le dernier rempart qui résistait encore aux Musulmans, puis il vogue vers l'Égypte, et, tout en enlevant cette province au Sultan, il ne continue pas moins à déclarer hautement que la France est toujours la fidèle alliée des Turcs. Plus tard, quand le Sultan envoie une armée pour le combattre, il sort de l'Égypte et semble prendre le chemin de Constantinople, mais ce n'est pas pour briser les fers des Chrétiens et les soustraire à la plus dégradante servitude.

Non, Français et conduisant des Français, il ne parut pas seulement savoir qu'il y avait dans ces vastes contrées des millions de chrétiens opprimés. Lorsqu'il débarqua en Égypte, il se rendit gravement à la mosquée singer les dévots Musulmans. « Nous aussi, nous sommes de vrais Musulmans, » s'écriait-il dans sa proclamation aux Égyptiens ; « n'est-ce pas nous qui « avons détruit le Pape, qui disait qu'il fallait faire la guerre « aux Musulmans ? N'est-ce pas nous qui avons détruit les che- « valiers de Malte, parce que ces insensés croyaient que Dieu « voulait qu'ils fissent la guerre aux Musulmans ?... »

Cet étrange langage eut de l'écho, mais ce fut seulement dans les rangs de l'armée française ; serviles imitateurs de leur chef, des soldats renchérirent encore sur lui, apostasièrent volontairement et l'armée put compter dans ses rangs des officiers, des généraux circoncis, des Abdallah-Menou !

Bonaparte n'est allé en Orient que pour y chercher de la gloire, afin d'éblouir au retour ses concitoyens par l'éclat et la renommée de ses hauts faits lointains. Il a vu l'Orient, mais il ne l'a pas connu ; a-t-il seulement voulu le connaître ? Vainqueur à Jaffa et au Mont-Thabor, il a dédaigné d'aller à Jérusalem, et de s'agenouiller sur le Calvaire ; vaincu devant Saint-Jean-d'Acre, il n'a pas voulu apprécier les immenses avantages d'une base d'opération à l'abri des vaisseaux anglais, d'une inépuisable pépinière de recrues belliqueuses et naturellement ennemies des

Turcs (1), d'un grenier propre à nourrir des armées, il n'a pas même voulu examiner, à la portée de son regard et de sa main, cette magnifique forteresse naturelle, ce vrai nid d'aigle qu'on appelle « le Mont-Liban. »

Quelles furent les conséquences de son expédition en Orient?

Malte, enlevée par nous aux Chevaliers, est devenue pour longtemps la proie de l'Angleterre, et les Turcs, qui jusqu'à ce jour, pouvaient nous haïr, apprirent à nous mépriser.

Ah! qu'il y a loin de ces souvenirs à ceux qu'a laissés, en Orient, l'illustre et malheureux saint Louis, ce vrai héros chrétien qui eut toujours le cœur si français! Bonaparte, au contraire, ne fut qu'un politique et ne prit jamais pour modèles que les héros de la Rome païenne.

§ IV

Depuis la Réforme, mais surtout depuis Louis XIV, l'état de l'Europe chrétienne avait considérablement changé. Les anciens chefs des Croisés du Nord, les grands-maîtres teutoniques, devenus princes séculiers, n'avaient pas tardé à transformer leur marquisat de Brandebourg en royaume de Prusse, et commençaient déjà à disputer à la maison d'Autriche sa suprématie sur l'Allemagne. La malheureuse Pologne s'était vue violemment partagée, victime de son anarchique constitution, et les ducs de Moscovie, désormais Tsars de toutes les Russies, aspiraient dès lors ouvertement à reconstituer l'antique Empire romain d'Orient.

A l'ouest de l'Europe, après avoir combattu souvent avec succès la France, vu détruire par la tempête la puissante armada que l'Espagne avait lancée contre elle et profité, plus que toute autre nation, de l'affaiblissement de la Hollande, l'Angleterre

---

(1) Les Druses qui, pendant le siége de Saint-Jean d'Acre, avaient nourri l'armée, toutes les peuplades ennemies de la Porte, apprirent sa retraite avec désespoir. (Thiers, *Révolut. franç.*)

s'était prise, elle aussi, à rêver l'empire du monde; elle commençait à réaliser ce rêve, et ses flottes, chaque jour plus nombreuses, lui facilitaient une intervention plus directe et plus active
dans toutes les questions politiques qui surgissaient.

La France n'était donc plus seule à s'occuper de l'Orient, et
les temps étaient bien changés depuis que François Ier, par une
générosité et une magnanimité trop communes en France, avait
dans ses « Capitulations » avec Soliman, réservé expressément
certains avantages au profit du roi d'Angleterre.

Aussi, depuis deux siècles, mais surtout de nos jours, la question d'Orient n'est-elle plus une question exclusivement religieuse. La délivrance du tombeau du Christ a cessé d'être le
mot d'ordre, le cri du combat; il ne s'agit plus de ravir des
millions de chrétiens au joug abrutissant des sectateurs de
Mahomet.

A qui appartiendra le monde?

Quelle race, quelle nation, quel souverain dictera ses lois à
l'Univers?

Telle paraît, de nos jours, la question d'Orient ainsi que la
posa la Russie, lorsque, convoitant ardemment Constantinople,
et profitant avec habileté du lien religieux qui unit ses peuples
aux Grecs pour enlacer ceux-ci dans les filets dorés de sa diplomatie, elle marche résolûment à la conquête du monde par
l'absorption de toutes les nationalités dans une immense et colossale unité.

Telle aussi la posa l'Angleterre, lorsque pour atteindre plus
sûrement ce même but, elle étend sa domination sur toutes les
mers et que ses innombrables vaisseaux ont pour postes de sur-
veillance ou pour ports de ravitaillement et de refuge tous les
points importants du globe, toutes les stations stratégiques des
grandes routes maritimes de l'univers, depuis Singapoor, Ceylan,
Périm, l'île Maurice, le Cap, les Bermudes, Terre-Neuve et Héli-
goland jusqu'à Gibraltar, Malte et Corfou même qu'elle ne cède
aujourd'hui que pour dominer plus sûrement à Athènes; mais
la nature de son caractère national lui permettant de dire nette-
ment et hautement ce qu'elle pense, en Orient, elle ne veut voir

et elle ne voit, en effet, qu'un marché commercial à se réserver et à dominer sans entraves.

Toutes deux, peu soucieuses du droit des peuples et n'écoutant que la voix de leur insatiable convoitise, se sont ainsi trouvées fatalement amenées à transformer la question et à dissimuler son véritable nœud. La dévote Russie n'envoie ses pèlerins à Jérusalem que pour mieux s'assurer la route de Constantinople, et l'Angleterre, tout en essayant de protestantiser les Druses, se rappelle à propos que la possession de l'Empire des Indes lui assigne le rang de la première puissance musulmane du globe ; en cette qualité, elle est l'alliée, l'amie du Sultan, et travaille audacieusement à faire du Padischah des Ottomans un vassal aussi soumis à ses volontés que les anciens rajahs des Indes.

La question d'Orient a donc été transformée par la Russie et par l'Angleterre en une question de prédominance purement politique, et c'est ainsi que Constantinople est devenu le théâtre du champ de bataille, du duel gigantesque entre ces deux puissances.

Mais, déviée de ce qu'elle fut, la question doit être et rester insoluble ; aussi, depuis soixante ans, à travers des péripéties sans nombre, on peut affirmer que sa solution est aussi éloignée qu'elle l'était au premier jour de sa transformation. Sans doute, en 1828, en 1839 et en 1853, la Russie parut bien près de Constantinople ; pourtant elle n'y est point entrée. Plusieurs fois aussi, surtout dans ces dernières années, le léopard anglais a pu croire qu'il tenait le Sultan sous sa griffe ; mais qui peut répondre du lendemain, et l'Angleterre pourrait-elle croire aujourd'hui même à son triomphe définitif ?

Cependant, même au milieu de cette rivalité et sur ce nouveau terrain, chose remarquable, c'est encore la France qui a continué de jouer, en Orient, le rôle le plus brillant ; dans la guerre de Crimée, c'est elle seule qui fut victorieuse. Unie alors à l'Angleterre pour combattre la Russie, seule elle triompha de son adversaire, car elle domina en même temps de toute la masse de ses bataillons les débris mutilés de son alliée d'un jour. Mais, accourue pour protéger le Sultan, elle ne pouvait point user de sa victoire ; aussi se retira-t-elle précipitamment de la lutte en se couronnant de ses lauriers.

Son prestige avait pourtant bien grandi en Orient ; ses soldats apparaissaient alors aux Chrétiens comme des libérateurs. Hélas ! pourquoi a-t-il fallu qu'après les massacres de Syrie l'implacable jalousie de l'Angleterre soit parvenue, en rendant stérile l'expédition française dans le Liban, sinon à détruire tout à fait cette espérance, du moins à affaiblir passagèrement ce prestige !

La France seule, par ses idées, par ses traditions, possède la clef de la solution orientale ; seule, de concert avec l'Église, elle a toujours travaillé et travaille encore à l'émancipation, à l'affranchissement des Chrétiens. Car aujourd'hui, comme il y a mille ans, c'est dans l'affranchissement des Chrétiens que consiste la véritable Question d'Orient. Par leur insatiable ambition, l'Angleterre et la Russie peuvent en entraver encore longtemps la solution ; mais il n'est, heureusement, au pouvoir de personne d'étouffer cette question si grave pour l'avenir du monde chrétien et de la supprimer tout à fait.

Aussi, en dépit de ces deux colosses et souvent même à la faveur de leurs intrigues, l'émancipation et l'affranchissement des Chrétiens, la véritable Question orientale n'a-t-elle jamais cessé de faire quelques progrès.

En effet, depuis le jour où Sobieski brisa enfin devant les murs de Vienne la fougue conquérante des Osmanlis, ceux-ci, après des luttes sans nombre, avaient vu leur prestige faiblir peu à peu et leur puissance diminuer. Du Danube à la Vistule et à l'Adriatique, Hongrois, Polonais, Serbes, Bosniaques et Monténégrins avaient constamment lutté et bien souvent avec avantage dans une série de guerres sans cesse renaissantes.

Mais, dans le commencement de ce siècle, le champ de bataille se rapprocha du centre de l'Empire Ottoman et la guerre sainte, embrasant toute la Méditerranée, porta ses ravages jusqu'aux environs mêmes de Constantinople ; les Slaves du Danube et du Tzernogore n'étaient plus seuls à combattre les Turcs : voici les

Grecs qui audacieusement se lèvent et essayent de secouer l'odieuse tyrannie qui les oppriment depuis si longtemps.

Le magnifique spectacle d'une poignée de Chrétiens, combattant avec l'énergie du désespoir, pour Dieu et pour la Patrie, électrisa l'opinion publique par toute l'Europe.

La France ne fut pas la dernière à courir au secours de ces héroïques Hellènes qui puisaient une énergie nouvelle dans les revers mêmes dont les accablait leur innombrable ennemi, et fidèle, ce jour encore, aux antiques traditions et aux véritables intérêts de notre chère patrie, le roi Charles X donnait au général Maison ses derniers ordres en lui disant : « Partez mais souvenez-vous que je ne veux plus voir un seul Turc fouler le sol de la Grèce. »

Bientôt cependant, l'inexorable rivalité des États Chrétiens paralysa ce noble mouvement de la France ; la diplomatie finissait bien par consentir à reconnaître aux Grecs le droit. de se gouverner, elle voulait bien consacrer et garantir leur indépendance, mais elle marchanda à ce pauvre peuple la terre de ses pères qu'il avait reconquise en l'arrosant de tant de sang. Le roi de France avait dit qu'il ne voulait plus voir de Turcs sur la terre hellénique, mais la diplomatie refusa ce nom à la terre d'Épire, de Thessalie et de Macédoine, là même où l'insurrection s'était propagée, là où la population grecque est peut-être plus nombreuse et plus dense que partout ailleurs.

C'est dans ces conditions bien précaires que le nouvel État chrétien s'essaya à la vie des nations. Privée presque partout des avantages que donne l'agriculture, sa jeune population se jeta, peut-être avec trop d'ardeur, vers les professions libérales, mais souvent stériles. Les instincts commerciaux et les aptitudes nautiques du peuple grec firent heureusement contre-poids à cette tendance, et, malgré leurs défauts, par leur énergie et la vivacité de leurs allures, les Grecs du nouveau royaume montrent à l'Europe ce que pourrait la Grèce si les 12 millions d'Hellènes qui sont, aujourd'hui encore, sous la domination des Osmanlis parvenaient un jour à se joindre au million, à peine, de leurs compatriotes que compte en ce moment le royaume hellénique.

La nouvelle croisade de l'Europe contre la Turquie venait d'être terminée, lorsque de nouveaux dangers menacèrent le trône de Sultan-Mahmoud ; ce n'était plus une insurrection chrétienne dans quelque province de l'Empire, et ce n'était pas non plus l'ambition d'un Prince Chrétien qui mettaient en péril la puissance ottomane. La lutte, cette fois, était intestine, c'était une sorte de guerre civile entre les sectateurs de Mahomet, c'était la révolte d'un vassal, du Pacha d'Égypte contre le Grand-Seigneur, contre le Sultan son maître.

Depuis trente ans, Méhémet-Ali gouvernait paisiblement l'Égypte, et l'on eût pu croire son ambition satisfaite. La France paraissait avoir oublié les cruels exploits de son fils Ibrahim en Morée ; le Pacha vivait en assez bonne intelligence avec l'Angleterre et la situation géographique de l'Égypte le mettait à l'abri des intrigues de la Russie.

Pourtant le vieil Arnaute rêvait plus encore. Après avoir châtié Abdallah, pacha d'Acre, Ibrahim, à la tête de ses Égyptiens, marcha contre les troupes turques de Mahmoud et les battit successivement à Homs, à Beylan, à Konieh et à Nézib. Encore un nouvel effort qui ne pouvait être qu'un nouveau succès, et le vainqueur allait entrer dans Constantinople.

A cette nouvelle, la Russie s'empressa d'offrir au Sultan le secours intéressé de ses flottes et de ses armées, et l'Angleterre ne tarda pas à se joindre à elle, mais ce fut pour essayer de garder la direction des affaires et soutenir plus efficacement le trône des fils d'Othman. L'Angleterre, sans doute, jalousait la Russie ; mais elle craignait aussi que, maître de Constantinople, le pacha d'Égypte ne devînt trop puissant. Elle eut peur de ce réveil de l'Islamisme militant ; par sa possession des Indes, l'Angleterre est devenue la première puissance musulmane de la terre ; l'audace du vieux Méhémet et le génie militaire, quoique considérablement surfait, de son fils Ibrahim, lui firent craindre pour l'avenir ; la route des Indes pouvait lui être coupée ; elle voulut donc réduire Méhémet-Ali à l'impuissance, elle le voulut à tout prix, au prix même d'une guerre avec la France.

Celle-ci, en effet, semblait favorable au pacha d'Égypte. Dans sa jeunesse, Méhémet avait été témoin des exploits de Bonaparte et de ses valeureux compagnons d'armes. Homme d'État habile, rusé et astucieux diplomate, aussitôt qu'il fut au pouvoir, il affecta de s'entourer de Français qu'il intéressa à sa fortune ; par ce moyen, il se rendait la France favorable et se servait, en même temps, du prestige du nom français sur les dociles populations qu'il gouvernait durement.

En même temps, il mit le plus grand soin à accueillir et à caresser des jeunes gens pleins d'ardeur qui, séduits par les libertés de la morale mahométane, s'étaient dirigés vers l'Égypte afin d'échapper aux poursuites qu'en France, au nom de la morale chrétienne outragée, il avait fallu intenter contre les Saint-Simoniens. Les relations de ces nouveaux venus avec le journalisme européen furent pour le Pacha d'une utilité bien précieuse, car la presse française, accueillant docilement leurs correspondances et leurs élucubrations, ne tarda pas à affirmer sur tous les tons la mission civilisatrice du nouveau maître de l'Égypte, et à célébrer avec emphase les hauts faits et les prouesses de son fils Ibrahim.

Pourtant, les ministres de Louis-Philippe n'avaient pas une idée assez nette de cette nouvelle phase de la question d'Orient, et une opinion assez arrêtée sur l'avenir d'un nouvel Empire arabe, pour oser relever le gant que leur jetait résolûment l'Angleterre avec l'adhésion des autres puissances. Louis-Philippe cessa de soutenir le pacha, et les Anglais purent bombarder à leur aise Beyrouth et Saint-Jean-d'Acre. Méhémet comprit que résister plus longtemps serait une folie ; il s'inclina, rappela ses troupes et, de ce jour, l'Angleterre régna toute-puissante dans les conseils du Sultan ; mais, chose plus grave, de ce jour aussi le nom de l'Angleterre pénétra profondément dans le respect des populations orientales, et contrebalança, souvent avec avantage, l'antique notoriété de la France.

Depuis cette violente secousse, la Porte-Ottomane, toute malade qu'elle se sente, semble croire à la perpétuité de son existence. L'impétueuse attaque de la Russie l'a fait, à peine un instant, sortir de son optimisme. Rassurée par la rivalité des grandes puissances de la Chrétienté, et appuyée sur l'Angleterre, elle se rit des pronostics de mort qui s'élèvent sans cesse du sein des nations chrétiennes qu'elle opprime. Parfois même, il semble que l'Islamisme soit vraiment destiné à vaincre la Chrétienté ; depuis quelques années, à Constantinople comme au fond de l'Asie, de farouches Musulmans prêchent ouvertement, et d'élégants effendis, frottés quelque peu de diplomatie européenne, encouragent secrètement le massacre de tous les Chrétiens de l'Empire, et se moquent impudemment des menaces de l'Europe indignée.

« Ce sont, disent-ils, les Chrétiens, sujets du Sultan, ce sont
« les raïas qui sont cause de tous nos soucis, eh bien ! qu'ils
« disparaissent et nous serons tranquilles !... » — Rien ne leur
paraît plus simple, *ablata causa, tollitur effectus.* — « Au surplus,
« ajoutent-ils, que nous importe l'Europe, que nous fait la Chré-
« tienté ! Sans doute, la France a débarqué quelques troupes en
« Syrie, mais ses soldats n'ont pas pu faire usage de leurs
« armes. *Pour qu'un seul coup de canon soit tiré contre nous, il*
« *faudrait que cinq personnes fussent d'accord, et elles ne le*
« *seront jamais* (1). Aussi, l'Angleterre, qui ne veut pas de la
« chute de l'Empire d'Othman, a-t-elle bien su forcer ces auda-
« cieux Français de se rembarquer à Beyrouth, sans que la ville
« sainte ait été souillée par leur présence et sans qu'ils aient pu
« brûler une seule cartouche !... »

Certes, les Turcs ont raison ; sans doute, depuis longtemps l'Empire turc est malade, sans doute l'anarchie règne à l'envi dans toutes ses provinces, mais l'Angleterre le soutient et cela semble suffire, car depuis longtemps la France a presque toujours suivi, quoique souvent à contre-cœur, la politique de l'Angleterre dans les affaires de l'Orient.

Pourtant, il semble, depuis quelque temps, que le gouvernement français, convaincu de l'absurdité du *statu quo* oriental, cherche une solution et ne pouvant la trouver d'accord avec

(1) Opinion d'un fonctionnaire turc poussant un Druse à massacrer les chrétiens.
(F. Lenormant; *Les derniers événements de Syrie.*)

l'Angleterre, essaye, sur ce point, de se rapprocher de la Russie.

Y a-t-il, avec cette puissance, possibilité d'entente complète sur la question d'Orient? Non, car la Russie veut Constantinople. « Il faut que la Russie ait la clef de sa maison, » disait le fils de la grande Catherine, l'empereur Alexandre. Or, accorder Constantinople à la Russie, serait précipiter dans un jour prochain le monde entier sous le sceptre des Tsars. « Constantinople, « disait à son tour Napoléon Ier, celui qui la possédera pourra « gouverner le monde. » Aucun avantage, quelque grand qu'il fût, ne pourrait donc pallier les conséquences d'un pareil acquiescement.

Mais pourquoi la France s'allierait-elle à une autre puissance pour essayer de résoudre la question d'Orient? Pourquoi tenter un accord afin de conserver une paix impossible ? En effet, soit que la France reste unie à l'Angleterre, soit qu'elle s'en sépare pour se rattacher à la Russie, une guerre colossale, gigantesque, est la suite forcée d'une de ces deux alliances.

Le *statu quo* ne peut plus durer en Orient; l'anarchie est à son comble; les populations chrétiennes frémissent et tentent de se soulever dans la crainte de nouveaux massacres. La France interviendra-t-elle de ses conseils, et ira-t-elle jusqu'à prendre les armes pour réprimer ces mouvements généreux ? Renierait-elle ainsi son passé, ses traditions et ses plus chers intérêts? Cela, sans doute, conviendrait fort à l'Angleterre, mais si la France y pouvait un instant consentir, assurément la Russie ne le souffrirait pas et déclarerait immédiatement la guerre.

Au contraire, une alliance avec la Russie ne peut avoir lieu qu'en abandonnant à celle-ci, plus ou moins ouvertement, plus ou moins promptement, Constantinople et le Bosphore; dans ce cas, il semble indubitable que l'Angleterre protesterait aussitôt contre un tel partage ; ce serait donc encore la guerre, et une guerre générale et terrible.

Mais si la France se retrempait dans ses plus anciennes traditions, elle y trouverait, nous pouvons l'affirmer, la possibilité non pas de résoudre immédiatement, en un quart d'heure et d'un trait de plume, la question d'Orient, mais d'en préparer, d'en múrir la solution complète et radicale, et d'épargner en même temps au monde entier les terribles conséquences d'une conflagration générale.

Certes, nous ne voulons pas dire qu'il n'y aura pas de sang répandu, il y en aura, au contraire, car rien ne se fait dans ce monde sans sacrifice; mais la lutte resterait localisée, et le gouvernement français n'aura, nous l'espérons, qu'à se tenir à l'écart comme un juge du camp.

Arrêter le bras de l'Angleterre et celui de la Russie par la menace de jeter dans la mêlée la terrible épée de la France, voilà tout ce que nous demandons au gouvernement de l'Empereur.

Que pourrait objecter l'Angleterre? Ne lui opposerait-on pas ainsi sa propre tactique et ses propres armes?

Qu'a-t-elle fait dans ces dernières années? Après avoir eu l'impudence de déclarer hautement, à la face du monde, que l'indépendance de l'Italie ne valait pour elle ni un homme ni un schelling, les ministres anglais n'ont-ils pas, avec un bien étrange empressement lancé en Italie leurs agents à la suite de nos fourgons pour nous enlever le juste fruit de nos victoires!

Mais, même en les combattant avec leurs propres armes, la France se fera gloire d'agir avec plus de franchise et plus de noblesse. Les Français qui combattront en Orient ne seront liés par aucun serment militaire envers leur gouvernement qui n'aura point alors à s'abaisser jusqu'à faire, au mépris du droit des gens et du simple point d'honneur, revêtir à ses soldats de ridicules accoutrements, comme on vit, sur le Volturne, les marins anglais « du Renown », déguisés en bandits Garibaldiens, mitrailler les troupes napolitaines restées fidèles à leur roi et à leur patrie.

La France est en droit d'exiger de l'Angleterre, qu'elle laisse les populations chrétiennes d'Orient combattre librement les Turcs, de même que l'Angleterre exigea que la France laissât Garibaldi passer librement le détroit de Messine, et s'abattre, avec ses bandes, sur les riches campagnes du pays napolitain.

L'Orient doit être le terrain d'une vengeance éclatante qui est bien due à la France par toutes les avanies que la politique anglaise lui fait subir en Italie depuis quatre ans, et pour toutes celles encore qu'elle lui prépare en ce moment même.

Quant à la Russie, pourquoi interviendrait-elle ? Sont-ce les populations chrétiennes qui l'appellent à leur secours ? Un échec, un désastre des chrétiens pourrait seul prétexter l'intervention de ses troupes ; mais si l'Angleterre, de son côté, n'intervient pas en faveur des Turcs, aucun désastre, aucun échec même n'est à craindre.

Que la France oblige donc les autres puissances à respecter les nationalités chrétiennes d'Orient, en exigeant leur « non-intervention » dans la lutte qui ne peut manquer de s'engager entre les vingt millions d'opprimés et les trois ou quatre millions d'oppresseurs, et bientôt les Chrétiens auront partout brisé ce joug ignominieux des sectateurs de Mahomet qui, malgré tous les hatti-schérifs du monde, ne veulent pas leur accorder les droits de citoyens et les maintiennent, comme des parias, dans une honteuse servitude ; mais, de cette manière au moins, les Chrétiens d'Orient ne se trouveraient ni conquis et absorbés par la Russie, ni sacrifiés et exploités par l'Angleterre.

Libres ! on les verrait s'administrer eux-mêmes, développer les trésors naturels que renferment ces riches contrées de l'Orient, alimenter le commerce et l'industrie de l'Europe, et en même temps, apporter à la chrétienté, qui en a tant besoin, le précieux concours de forces nouvelles, ardentes, encore tout émues du triomphe de la Croix, pour résister à cet esprit anti-chrétien qui semble menacer notre vieil Occident d'un nouveau cataclysme social et d'une nouvelle barbarie.

§ V

C'est en dehors de leur gouvernement, avons-nous dit, que les Français doivent agir en Orient ; dans les affaires orientales leur action sera donc purement individuelle ; mais comment et par quels moyens la rendre efficace ?

En lui conservant un caractère essentiellement religieux et surtout catholique, en présence de l'Eglise orientale ; car ce qu'il faut combattre, ce qu'il faut neutraliser tout d'abord, c'est l'influence de la Russie, la plus grande ennemie des populations chrétiennes de l'Orient.

Le Turc, en effet, n'est que l'ennemi du jour, que les peuples s'habituent à ne plus craindre; voyant sa faiblesse augmenter sans cesse, ils comprennent que sa domination doit bientôt, et nécessairement, expirer.

La Russie, au contraire, est l'ennemie du lendemain, ennemie bien plus terrible, parce qu'elle est plus vivante et qu'elle peut, à tout moment, lancer sur la Turquie quelques millions d'hommes presque sauvages qui, à demi glacés par les frimats du Nord, rêvent de l'Orient et du pays du soleil comme du paradis terrestre.

Les Turcs comprennent fort bien la gravité de leur situation à l'égard de la Russie; aussi l'imminence seule d'un danger de ce côté leur fait-elle appuyer en ce moment et favoriser le retour des Bulgares au Catholicisme. Élever une barrière religieuse entre Constantinople et la Russie, c'est en effet déjouer sûrement tous les calculs de celle-ci qui, depuis cent ans, a justement couvert sa politique orientale du manteau religieux afin de s'insinuer plus facilement jusqu'au cœur de l'Empire turc et d'y trouver des populations favorables à ses projets.

Mais il ne nous est pas permis d'insister sur cette initiative catholique que des Français devraient prendre, car l'œuvre éminemment française et catholique des « Écoles d'Orient, » l'œuvre des Cauchy, des Lenormant, des Lavigerie existe depuis longtemps et est actuellement en pleine prospérité. Elle a déjà réconforté bien des faiblesses, secouru bien des infortunes, éclairé bien des intelligences, accompli bien des miracles, et elle continue admirablement, sous une forme essentiellement moderne, ces magnifiques traditions de la France catholique auxquelles le gouvernement actuel, par la protection qu'il lui accorde et l'éclat dont il l'entoure, semble rendre lui-même un juste hommage.

Cependant d'autres voies restent ouvertes pour parler aux populations orientales et agir sur elles! De fervents Chrétiens, des missionnaires dévoués leur parlent du ciel et leur ouvrent les portes de la science ; nous choisirons des sommets moins nobles, nous agirons dans une sphère moins haute et nous ne nous occuperons que des intérêts matériels de l'homme.

Nous ne voulons, en effet, que compléter l'œuvre religieuse et apprendre aux populations orientales comment on peut extraire de la terre des fruits plus nombreux, quelles richesses on peut honorablement amasser en se livrant au travail, en s'adonnant à l'industrie, en développant le commerce ; enfin, chose plus importante pour le peuple, en ce moment critique, comment il peut se concerter, se réunir, s'associer pour reconquérir sa liberté et la défendre après l'avoir conquise, comment il doit s'administrer et se gouverner.

Agriculture, industrie, commerce, organisation militaire et constitution sociale, tel est le vaste champ, encore inexploré, qui reste ouvert à l'initiative des Français, et, quoiqu'il soit bien large déjà, notre foi et notre amour de la France nous le ferait grandir encore si nous n'avions pas à compter avec les moyens d'atteindre le but de nos rêves et de nos efforts.

Qu'importe, si nous sommes dans le vrai ? Notre idée est-elle juste, elle sera féconde ; mais autant nous ne devons pas craindre d'élever nos pensées et d'étendre notre horizon, autant nous devons nous efforcer de simplifier notre manière d'opérer et de réduire, en commençant, notre sphère d'action. Les plus grandes choses elles-mêmes ont toujours eu d'humbles commencements ; voir de haut, voir en grand, mais savoir commencer en petit et ne négliger aucun détail, telle doit être notre règle de conduite.

« Si j'avais un point d'appui, disait Archimède, je soulèverais le monde ! » Cherchons donc notre point d'appui, notre base d'opération ; posons notre première assise, une seule pierre, mais choisissons un bon terrain, et cette pierre pourra devenir la pierre angulaire d'un majestueux édifice que nos arrière-neveux achèveront un jour à la gloire de l'Église et de la France.

Constantinople, avons-nous dit, est devenu un nouveau nœud pour la question d'Orient, mais les efforts, les intrigues mêmes de la Russie afin d'en faire la capitale de son empire ont tourné contre elle. Les populations slaves du Danube, en effet, par la force des choses et l'intérêt que l'Europe, en haine de la Russie, a pris à leur avenir, sont devenues à peu près libres et indépendantes; et un jour, demain peut-être, nous apprendrons que l'héroïque Serbie a rejeté la suzeraineté humiliante du Sultan, chassé les Turcs de son sol chrétien et reconquis sa pleine et entière liberté.

Les principautés Moldo-Valaques sont constituées à peu près normalement et se trouvent désormais plus à l'abri des avanies turques que des intrigues de la Russie. A l'ouest de l'Empire, les Monténégrins viennent de lutter avec acharnement contre les Osmanlis. Leur autonomie est reconnue par l'Europe chrétienne qui, nous l'espérons, saura la faire respecter des Turcs ; aussi avons-nous accueilli avec joie la nouvelle que la France et la Russie avaient toutes deux protesté auprès de la Porte contre l'exorbitante prétention de percer une route militaire à travers la montagne. Les routes sont, assurément, un très-puissant agent de progrès et de civilisation, mais c'est à la condition que les gouvernements qui les font ouvrir veulent sérieusement eux-mêmes la civilisation et le véritable progrès.

L'exemple de la route commerciale qu'une compagnie française a entreprise entre Beyrouth et Damas nous éclaire sur les avantages qu'en tirent les Turcs et sur les conséquences qui en découlent. Grâce à cette route, l'artillerie turque a pu venir en aide aux Druses, lors des derniers massacres, et mitrailler la ville chrétienne de Zahlé. Il en serait de même dans le Tserno-gore et l'on verrait les Turcs, se jouant du traité de Paris, imposer aux fiers enfants de la montagne, non plus une suzerai-neté presque nominale et un faible tribut, mais les humiliations et les horreurs inséparables de toute conquête musulmane.

Les Bulgares, comme nous l'avons dit, se réfugient dans l'É-glise catholique pour échapper aux exactions d'un clergé cor-rompu ; en haine de la Russie, le gouvernement turc favorise ce mouvement religieux qui semble gagner les Grecs eux-mêmes. Évitons donc de porter nos efforts de ce côté en essayant d'ébaucher une colonie agricole et militaire en Bulgarie ou au milieu des provinces grecques de l'Empire. Et puis, il nous semble que ces populations, soit slaves, du Danube et du Tsernogore, soit grecques d'Europe et d'Asie, sont trop denses et trop homogènes pour qu'on puisse penser un seul instant à les absorber dans une forte immigration ou qu'une influence étrangère y puisse prendre racine sans éveiller des susceptibilités qui la condamneraient bientôt à un complet isolement. Sur le Danube comme en Grèce, les étrangers, les catholiques, les Français pourront, *ils devront même*, prendre part aux soulèvements de l'indépendance lorsque l'heure aura sonné, mais ils feront difficilement accepter leur direction et ils ne pourront fonder dans ces provinces aucun établissement, aucune colonie qui, dans sa permanence, sût garder une physionomie catholique et française.

Il est une autre partie des vastes possessions du Sultan où le Turc est en infime minorité, où l'Arabe coudoie le Grec, où le juif habite auprès de l'idolâtre et où les tribus Druses, Ansariès, Maronites et Métualis sont tellement mêlées et enchevêtrées qu'aucune d'elles ne peut dominer les autres et donner ainsi au pays un caractère d'homogénéité nationale, quoique presque toutes ces tribus soient des variétés de la race arabe.

Cette partie de l'Empire s'appelle la Syrie et la Palestine; le désert l'enveloppe à l'est et au midi, la Méditerranée la baigne à l'ouest et les dernières ramifications du Liban forment, au nord, les pyles syriennes qui la peuvent protéger contre les incursions des Turcomans.

C'est là qu'est située Jérusalem, dont la possession était le but de ces immenses Croisades des nations européennes qui, en venant délivrer le tombeau du Christ, semblaient n'aspirer qu'à se retremper dans le berceau de leurs croyances et de leur religion.

Cette terre a vu naître le Sauveur du monde; les Français vainqueurs se la partagèrent et la défendirent si longtemps et par de telles prouesses qu'il semble que, depuis ce temps, l'histoire hésite à lui donner d'autre nom que celui de France orientale. Les Maronites ne se font-ils pas gloire de s'appeler les « Français d'Orient? »

C'est au milieu de ces populations si diverses et si variées que des Français peuvent, sans scrupule, se livrer à des essais de colonisation et de conquête. La colonisation est, dans ce cas, la loi même de la civilisation. Autant, en effet, la conquête est funeste lorsque, frappant une nation en pleine maturité, elle prétend la dominer, la maîtriser, l'écraser même si elle résiste, autant la conquête est salutaire lorsque, agissant au nom d'un principe plus large, d'une morale supérieure, elle embrasse un pays jusqu'alors rebelle à tout progrès, discipline et enrégimente des forces jusqu'alors stériles, et que, de ce pays sans nom, livré à tous les hasards de la barbarie et à tous les désordres de l'anarchie, on voit bientôt surgir le noyau d'une saine et vigoureuse société poussant autour d'elle de nombreux rejetons, signe manifeste de vie et de prospérité.

Ces principes s'appliquent admirablement à la France et aux populations, aux diverses tribus arabes de la Syrie et de la Palestine.

La France est pleine de vie, de santé, de jeunesse; sa séve déborde et provoque souvent à l'intérieur de ces crises pléthoriques qu'un gouvernement attentif, mais qui serait sans traditions, ne songerait à guérir que par quelque guerre meurtrière et presque toujours stérile.

En Syrie, c'est au nom d'un principe supérieur que les Français agiront sur les populations et, même aux tribus chrétiennes, ils pourront enseigner une plus large et plus morale interprétation du dogme chrétien.

Ils ne viendront pas courber ces nombreuses peuplades sous un joug pesant, ni leur ravir les fruits d'un labeur impérieusement commandé, ni les forcer non plus à abjurer leurs erreurs et à se convertir.

Ils apporteront, au contraire, la paix intérieure, la concorde et la tolérance. Répétant les paroles de saint Thomas d'Aquin, ils pourront dire aux Druses, aux Grecs, aux Juifs, aux Musulmans et aux Idolâtres : « Nous ne venons pas ici pour vous forcer à croire, mais pour vous empêcher de nuire et de persécuter. »

Ils accorderont à tous une égale protection et une égale justice ; tous aussi, car l'homme est ainsi fait, s'inclineront plus facilement devant eux que devant une de leurs tribus voulant user de sa victoire d'un jour.

Pour base d'opération, ils prendront l'agriculture, cette généreuse nourrice des nations ; ils organiseront, sur un point donné, une colonie agricole ; pour la développer, ils ouvriront des routes et jetteront des ponts ; pour la défendre, ils se feront soldats et s'organiseront militairement ; enfin, pour remplir tous leurs devoirs de chrétiens et secourir leurs semblables, ils exerceront la charité et se feront « hospitaliers. »

Voici donc que, par la force des choses, cette nouvelle colonie française est amenée à reproduire les principaux traits de ces organisations formidables que la France catholique avait autrefois établies en Orient et qui ne cédèrent que pas à pas devant les armées victorieuses des Saladin et des Soliman.

Tant mieux si les traditions sont pour nous ! nous n'en serons que plus forts, car nous profiterons, dès nos premiers pas, de l'expérience de nos pères.

Nous ne sommes pas de ceux qui pensent que pour faire mieux que ce qui a été fait, il faille nécessairement et toujours innover. « Rien n'est nouveau sous le soleil, » disait il y a trois mille ans le sage Salomon. Que ferions-nous qui n'ait été déjà tenté ?

Innover, c'est trop souvent faire table rase, et nous nous défions singulièrement des démolisseurs. Progresser, au contraire, c'est suivre la route tracée par les précédentes générations, profiter de leurs fautes, éviter leurs erreurs et marcher plus sûrement dans la route de la vérité et du bien.

Faire mieux, c'est reprendre en sous-œuvre ce que les hommes ont déjà entrevu ; ce qu'ils ont jadis commencé à édifier, mais ce qui a disparu bientôt sous leurs misères, dénaturé par leurs passions, comme ces rochers de granit ou de basalte qui disparaissent avec le temps sous la végétation parasite des lierres et des mousses.

La France croit, depuis quelques centaines d'années, trouver le bonheur dans la démocratie ; celle-ci a tout abaissé, tout démoli, tout nivelé ; aussi, de la démocratie la France tend-elle chaque jour à tomber dans le socialisme, antithèse du Christianisme.

Le socialisme n'est qu'une conséquence inévitable, qu'une dégénérescence fatale de la démocratie ; il nie tous les devoirs de l'homme et il exagère tous ses droits ; il proclame hautement la souveraineté de chaque homme, l'infaillibilité de la raison humaine, la divinité du peuple, diront bientôt tous les démocrates, à l'instar de Mazzini. Avec de tels principes une société peut-elle vivre? L'avenir et un avenir assez prochain nous le dira, car, depuis longtemps déjà, le problème social est posé et chaque année, chaque secousse politique en précipitent la solution. Derrière la démocratie, aujourd'hui triomphante, le socialisme est là debout et attend son heure ; jouissant alors d'une liberté absolue, sans limites et promenant sa souveraineté par toute la terre, l'homme, ce roi, ce dieu de l'avenir, ne se verrait-il pas bientôt réduit à mourir de faim ?

Laissons donc la France, qui a posé ce problème, le résoudre chez elle ; laissons l'Europe, qui s'est éprise de ces dangereuses idées, suivre la France dans cette voie pleine de hasards. Pour nous, reconnaissons que la forme démocratique n'est apparue dans le monde moderne que comme une *réaction* contre ce qu'il y avait de violent, d'outré, d'excessif dans l'application du système aristocratique qui a régi pendant si longtemps l'Europe.

Le régime démocratique est-il donc un progrès réel, lorsque nous voyons la nation qui, aujourd'hui même, distance toutes les autres dans le commerce et dans l'industrie, ce critérium des économistes, celle qui seule a pu conserver chez elle une sage et véritable liberté, l'Angleterre, ne jouir de ces avantages que parce qu'elle est restée fidèle au système aristocratique ?

La France est grande, assurément, la France est puissante, elle aussi, par son commerce et son industrie ; mais combien ne le serait-elle pas plus si, dans sa constitution sociale, elle avait gardé quelque chose de ce qui faisait la gloire de l'antique société française, et de ce qui fait encore aujourd'hui la gloire et la force de l'Angleterre ?

Sans doute, en examinant l'éblouissant spectacle de la civilisation anglaise, nous découvrons bientôt de larges ombres au tableau ; sans doute, l'Angleterre est rongée par la misère de ses classes ouvrières, par le paupérisme, mais cela provient du développement excessif que, dans un but tout politique, elle a voulu donner à son commerce et à son industrie en se faisant « le grand marché » et « la grande pourvoyeuse » du monde entier. En cela, l'Angleterre a follement transgressé les lois de l'équilibre qui est aussi nécessaire aux nations qu'aux individus ; mais ces excès mêmes prouvent la force et la puissance du système aristocratique, puisque ce système permet à l'Angleterre non-seulement de progresser comme les autres nations, mais encore de les distancer et d'éblouir le monde par l'éclat de sa richesse et de sa puissance aussi bien que par le prodigieux développement de son commerce et de son industrie.

Gardons-nous donc, pour nos colonies nouvelles, de rejeter absolument le principe aristocratique ; c'est le seul sur lequel, jusqu'à ce jour, ait pu se fonder une société solide et durable ; et loin de prouver le contraire, l'Amérique tout entière, soit que l'on regarde les misérables républiques du centre, soit que l'on considère l'immense agglomération qui formait encore, il y a deux ans à peine, « l'Union, » l'Amérique tout entière, disons-nous, témoigne hautement de l'impuissance de la démocratie, et par contre, elle témoigne, ainsi que l'Angleterre, de la fécondité du principe aristocratique, fécondité qui du reste frappe d'étonnement et déconcerte les adversaires les plus acharnés de ce principe.

Un homme, un libre penseur, enfant gâté aujourd'hui de toute la presse philosophique, M. Renan, a écrit quelque part (1) :

« ..... Le moyen âge ne fut une époque atroce que dans sa se-
« conde moitié, alors que l'Église devint persécutrice et la féoda-
« lité sanguinaire. Il y eut, avant cela, de longs siècles pendant
« lesquels la féodalité fut vraiment patriarcale et l'Église mater-
« nelle. Je crois que du VIIIe au XIIe siècle, les peuples chrétiens

___

(1) *Essais de critique et de morale.*

« à l'abri des incursions des Normands et des Sarrazins vivaient
« assez heureux.

« ..... La conception féodale d'après laquelle le roi possédait sa
« couronne par droit de l'épée, comme le sujet possédait ses
« franchises contre lui, est l'inverse de la raison. S'il est une
« conception logique, c'est celle de la souveraineté envisagée
« comme une délégation de la société. L'histoire démontre pour-
« tant que la première, tout absurde qu'elle est, a produit le
« meilleur état politique que le monde eût connu, et que la
« supériorité de la civilisation moderne sur celle de l'antiquité
« tient à ce que la royauté n'a été durant des siècles parmi nous
« qu'une grosse métairie envers laquelle on était quitte une fois
« que l'on s'était libéré des redevances établies par les bonnes
« coutumes ou consenties par les États. »

Enregistrons encore un de ces aveux qui échappent si souvent
aux admirateurs du régime démocratique, et voyons ce que dit
un éminent professeur, M. Édouard Laboulaye, à propos des
domaines féodaux (1) :

« Cette concentration de domaines, qu'on le remarque bien,
« ne ressemblait en rien à cette grande propriété romaine qui
« ruina l'Empire et l'Italie.

« Il y eut dans la nature de ces deux propriétés la même
« différence qu'entre le génie des deux peuples. Le grand pro-
« priétaire romain était jaloux et absolu dans ses jouissances ; ce
« qu'il lui fallait, c'était des bois, des forêts, des solitudes ; la
« présence du cultivateur libre l'aurait gêné dans son orgueil
« ou dans ses débauches. Le grand propriétaire germain, le
« senior, était avant tout un capitaine ; ce qu'il lui fallait, c'était
« des soldats, des compagnons ; s'il voulait le petit manoir de
« l'homme libre, ce n'était point pour le renverser, c'était pour
« avoir un bras de plus à sa disposition.

« Le Romain voulait la propriété ; le Germain ne demandait
« que la suzeraineté ; la puissance du premier désolait le sol, la
« puissance du second couvrait la terre d'habitations en la par-
« tageant à tout bon compagnon prêt à suivre son seigneur à la

(1) *Histoire du droit de propriété foncière en Occident.*

« guerre. C'est le Germain que l'histoire nomme barbare ! »

Le système aristocratique est aussi vieux que le monde; en Orient il est, depuis des siècles et malgré les Turcs, la base de l'organisation sociale aussi bien que l'objet d'un respect universel que l'on doit se garder d'affaiblir. Mais, en le maintenant, nous voudrions le soumettre à l'épreuve de la morale chrétienne pour en rejeter tout ce qui pourrait la blesser.

Conservant à la terre son importance, sa fonction sociale, nous éviterions en même temps de convertir le travail de l'homme en un tyrannique servage; nous nous garderions bien de créer dans le monde de nouveaux parias en faisant de la naissance seule découler la noblesse ; nous imiterions, à cet égard, l'aristocratique Angleterre, mais nous ferions par esprit d'équité ce qu'elle ne fait peut-être que par prudence en permettant au mérite personnel de se faire jour et de gagner dans la société le rang que d'autres tiennent seulement de leur aïeux, rang, titres, priviléges qui imposent encore plus à l'homme qu'ils ne lui rapportent, fonction sociale qu'il doit bien souvent remplir aux dépens de sa propre liberté : noblesse oblige, disaient nos pères. Enfin, nous dégagerions la royauté, représentant l'unité nationale, de la suzeraineté à laquelle l'a trop souvent restreinte la pensée des siècles féodaux comme on le peut remarquer dans les « Assises de Jérusalem; » en un mot, nous travaillerions à ce que le système aristocratique, tant décrié de nos jours, devienne ce qu'il doit vraiment être, la théorie des devoirs sociaux de l'homme.

Tandis qu'en démocratie l'individu, l'électeur constitue l'entité sociale; dans le système aristocratique, c'est la famille qui forme la base de la société. Livré sans défense et sans protection aux hasards et à l'inexpérience de la vie, l'individu se consume trop souvent dans de stériles efforts qu'une société démocratique est impuissante à diriger et à féconder, car le plus souvent elle les ignore. Avec le système aristocratique, au contraire, le citoyen, dès sa naissance, se trouve entouré de la protection d'une famille fortement organisée, et cette famille elle-même vient se grouper et s'abriter autour d'un foyer plus large qui étend en même temps sur elle une protection aussi vigilante, mais plus étendue et plus puissante.

La démocratie, c'est l'exaltation de l'individualisme (1); le système aristocratique, au contraire, c'est le développement le plus varié et le plus fécond du principe de l'association, principe qui n'a jamais été aussi florissant que sous les inspirations et le souffle du Catholicisme. Assistance que les faibles doivent aux forts, protection que les forts doivent aux faibles, fidélité dans le serment, hommage à toute grandeur, à toute supériorité, ces devoirs, loin de blesser la morale chrétienne, font du système aristocratique, sagement appliqué, le principe essentiel et fondamental d'une société chrétienne qui se veut fortement constituer.

L'Église, elle-même, sur ce point aussi, est un exemple que nous ne saurions trop imiter; d'humbles pâtres ont porté la tiare, et Grégoire VII, le grand Hildebrand, était fils d'un modeste charpentier. Dans la constitution de l'Église, en effet, une honorable égalité est à la base, la hiérarchie s'y développe et l'unité y trône au sommet; ainsi le peuple dans la grande famille d'une nation, ainsi les classes privilégiées, bourgeoisie, noblesse et clergé, ainsi la royauté.

Nous avons dit plus haut qu'une colonie militaire et agricole devrait être le noyau d'une nouvelle société catholique et française qu'il est urgent, au nom de l'humanité et de la civilisation, de voir s'établir en Syrie et en Palestine. Le jour, en effet, est proche où il sera permis à de hardis colons de tout oser dans ces contrées et de tout entreprendre. Si la France ne favorise pas cette tentative, si des Français ne prennent pas les devants, d'autres plus hardis et plus habiles le feront sûrement et s'empresseront de poser, sur ce point si important, les bases d'un solide établissement; mais ce ne serait pas alors comme avec des Français, au profit du monde oriental, ce ne serait pas non plus au profit de la Chrétienté, de l'Église.

----

(1) « Il (Napoléon Ier) prévoyait que si l'ancien régime avait péri par l'excès des corporations, le nouveau pouvait périr à son tour par l'excès de l'individualisme, c'est-à-dire l'isolement de l'individu. » (*OEuvres de Napoléon III*, tome III, 57).

Le moment va venir qui sera favorable pour des soldats chrétiens, reprenant la pensée des Wahabites et le projet de Méhémet-Ali si prôné des jeunes Saint-Simoniens, de poser les bases d'un nouvel empire arabe, mais cette fois d'un royaume franco-arabe, c'est-à-dire chrétien et catholique. Sur ce point encore, avec son génie ordinaire, l'Église nous a devancés; le dessein de reconstituer l'Arabie et de faire du Christianisme la base de cette reconstitution, est évidemment dans sa pensée lorsqu'elle s'est décidée à enlever aux Pères de la Terre-Sainte, malgré leurs mérites et leurs vertus, la direction des affaires ecclésiastiques pour donner au Patriarcat restauré de Jérusalem la mission spéciale de former un clergé indigène. Constamment fidèle à ses principes, l'Église, là encore, s'attache à une nationalité pour essayer de la relever de sa ruine et la faire renaître, pour ainsi dire, de ses cendres.

Bien des voyageurs, poëtes et savants, artistes et hommes d'État, ont eu le pressentiment de cet avenir réservé à la race arabe.

« Les Druses et les Métualis, tribus indépendantes et coura-
« geuses, forment avec les Maronites, sous le gouvernement
« fédéral de l'Émir Béchir, la population dominante et maîtresse
« en réalité de la Syrie et même de Damas, le jour où tout sera
« démembré et abandonné à la nature; *là est le germe d'un grand*
« *peuple nouveau et civilisable; l'Europe n'a qu'à le couver de*
« *l'œil et à lui dire : Lève-toi* (1) ! »

« La nation européenne, dit l'abbé Michon (2), qui aurait le
« protectorat de la Syrie et de la Palestine, après avoir éman-
« cipé la race arabe, occuperait ainsi un poste parfaitement dé-
« daigné jusqu'à cette heure dans les ambitions de la diploma-
« tie, et pourtant s'assurerait d'immenses avantages par ce
« nouveau chemin des Indes à travers les contrées les plus fer-
« tiles de l'ancien monde.

« Les Romains qui s'entendaient en colonies en avaient établi
« une d'une grande importance au versant occidental des mon-
« tagnes qui bordent la plaine d'Esdrelon. Le chef-lieu appelé

(1) Lamartine ; *Resumé politique.*
. (2) *Voyage religieux en Orient.*

« Legio, » campement, s'est conservé dans le nom El-Ledjoun. »

La Syrie et la Palestine sont admirablement situées pour devenir le centre d'un nouvel Empire arabe.

Le percement de l'isthme de Suez va, sans doute, faire reprendre au commerce, avec plus d'activité que jamais, l'antique route maritime des Indes par la mer Rouge; mais les contrées du Haut-Indostan, du Thibet, de la Perse et la riche vallée de l'Euphrate continueront toujours à communiquer avec l'Europe, soit par l'Asie Mineure et Constantinople, soit par la route qui de Bagdad aboutit à Alep et à Damas.

Ces deux villes peuvent être facilement rapprochées de la Méditerranée par la création de voies ferrées ou même simplement de routes ordinaires. Les Anglais étudient, en ce moment, le tracé d'un chemin de fer entre l'Euphrate et Alexandrette; l'Oronte peut être facilement canalisé jusqu'à Antioche et même bien au delà du lac de ce nom.

Une route percée par une compagnie française traverse actuellement le Liban, la vallée de Balbeck et aboutit à Damas. Enfin, de Kaïffa, on peut faire rayonner en étoile trois routes, l'une remontant par Nazareth vers le Liban, l'autre se dirigeant à travers toute la Galilée vers le « pont de Jacob » sur le Jourdain et devant un jour se prolonger jusqu'à Damas; la troisième traversant la Samarie pour aboutir à Jérusalem.

Des travaux hydrauliques entrepris dans la baie de Kaïffa en feront une des premières stations maritimes de la Méditerranée; car, non-seulement Kaïffa sera le port de la riche Galilée et le déversoir naturel d'une partie du Liban, de la Samarie et de la fertile plaine de Saron, mais cette station commandera en même temps Port-Saïd et l'entrée du canal de Suez; elle neutralisera ainsi l'action des Anglais en leur fermant l'issue du canal sur la Méditerranée comme ils prétendent fermer celle de la mer Rouge par leurs travaux à Perim et Aden.

Sous l'habile et énergique direction des Français, les populations qui occupent aujourd'hui la Palestine et la Syrie, depuis les Catholiques Bethléemites, les Arabes nomades du Jourdain, les Druses et autres peuplades, jusqu'aux Maronites du Nord du

Liban, toutes ces tribus aux mœurs patriarcales et belliqueuses devront promptement former une armée respectable pour ces contrées, toujours disposée à guerroyer et agrandissant sans cesse les domaines du nouvel État.

C'est vers l'Euphrate qu'on devra la diriger pour l'occuper sans relâche et pour l'aguerrir, car le nouveau royaume arabe doit nécessairement posséder cette splendide vallée de l'Euphrate qui peut, à elle seule, fournir du coton en aussi grande quantité que l'Amérique et d'une aussi belle qualité que celui de la Géorgie. Il doit viser à atteindre Bagdad, à en faire sa tête de colonne vers la Perse, en enlevant ce riche territoire au Sultan et en affranchissant du joug ottoman les trente mille Catholiques qui y végètent aujourd'hui.

Mais l'action de ce nouveau royaume ne serait pas, comme ses frontières, circonscrite dans les limites que nous venons d'indiquer. Au nord de la Syrie, les tribus arméniennes du Taurus, les peuplades semi-catholiques de Zéithun, de l'Hatchin et du Dgiawour-Dagh sont, aujourd'hui même, une sorte de trait d'union avantageusement placés entre la Syrie et la Grande-Arménie et semblent un noyau suffisant pour essayer de reconstituer l'ancien royaume d'Arménie en permettant de l'étendre du Taurus au Caucase.

On estime que ces tribus se composent d'environ trente mille âmes (1). Depuis la chute du royaume des Lusignan de la Petite-Arménie, elles se constituèrent indépendantes et résistèrent à tous leurs ennemis; mais, après avoir lutté contre Ibrahim qui ne put les soumettre, elles ont vu leur indépendance compromise par Kussan-Oglou, leur voisin. C'est en vain que Mikaël, leur patriarche, s'adressa à Louis-Philippe; la France resta sourde aux suppliques de ses coreligionnaires et Kussan-Oglou établit définitivement une sorte de suzeraineté sur eux; puis, comme nous l'avons vu l'année dernière, la Porte hérita finalement de Kussan-Oglou, en provoquant des massacres chez ces malheureux chrétiens.

Mais, si des Français s'établissaient fortement en Syrie, leur

____

(1) Victor Langlois. *Revue d'Orient.*

influence pénétrerait bien vite jusque dans ces tribus et, avec leur aide et leur assistance, non-seulement ces hardis monta-gnards reprendraient leur indépendance, mais leur tour serait venu d'essayer d'absorber les populations musulmanes qui les entourent et de reconstituer en nation les milliers d'Arméniens qui sont aujourd'hui répandus sur toute cette partie de l'Asie jusqu'aux pieds du Caucase.

C'est lorsque ces deux bases seraient solidement établies en Asie, lorsque des Français posséderaient la Syrie et la Palestine et que des Arméniens s'essayeraient à la conquête des plateaux de l'antique Cappadoce, c'est alors, mais seulement alors, que l'on devrait s'occuper de Constantinople et qu'il deviendrait utile d'aider les Grecs à s'en emparer sans avoir à craindre de voir bientôt la Russie profiter seule de la chute des Osmanlis. Car, en supposant qu'il fût possible aux Grecs de reconquérir, aujourd'hui même, Constantinople, il nous semble que leur esprit frondeur et leurs mœurs actuelles seraient un obstacle à la formation d'un État solidement constitué, et il est à craindre que le monde ne vît bientôt se renouveler les disputes de l'an-cienne Byzance. Qui profiterait de cet état de choses? La Russie, car l'Europe lassée ne s'opposerait plus alors à ce qu'elle mît fin à cette nouvelle anarchie byzantine.

Mais lorsque des Français auraient pris pied en Asie, lorsqu'un nouvel État arménien se développerait à l'est de l'Anatolie en ga-gnant les rives de la mer Noire, ces deux États aristocratiques et militaires seraient, pour la Grèce, non-seulement un exemple salutaire, mais des alliés sincères et dévoués qui pourraient ar-rêter la Russie, aider les Grecs à se constituer fortement et dé-mentir ainsi ceux qui affirment aujourd'hui qu'ils sont incapa-bles de former une nation.

Les deux nouveaux États chrétiens de Jérusalem et d'Armé-nie neutraliseraient aussi la prépondérance naturelle de Cons-tantinople; du reste, il faut reconnaître que l'importance de cette ville tend à diminuer, au point de vue commercial, non-seu-lement par le percement du canal de Suez, mais surtout par la régularisation de la route des « caravanes » entre Bagdad, Alep et Damas. Devant cette perspective, Constantinople aux mains des Grecs et capitale d'un État comprenant toutes les provinces grecques d'Europe et d'Asie, Constantinople ne peut plus être un sujet de crainte pour personne, et l'interminable Question d'Orient se trouverait ainsi résolue selon le seul principe qui soit sage, fécond et chrétien, selon le principe des « nationalités. »

Chaque race s'y développerait dans son milieu naturel; les Slaves seraient maîtres des bords du Danube; les Grecs gouverneraient toutes les provinces grecques; les Arméniens, déjà si nombreux en Asie, rattacheraient à eux les populations de toutes sortes qui campent ou habitent du Taurus au Caucase et se les assimileraient; enfin, sous la direction des Français, la nationalité arabe refleurirait, mais chrétienne cette fois, comme elle florissait naguère au temps de ses califes.

Aucune nation ne violenterait aucun peuple; l'influence de la France dominerait, il est vrai, en Asie, mais ce ne serait qu'au titre de « fille aînée de l'Église » et parce que ses destinées en font l'épée toujours glorieuse de la Catholicité.

De même que du haut de Mexico, la France domine aujourd'hui moralement les deux Amériques, de même, fortement assise sur la montagne de Sion, sur la Cité Sainte par excellence, sur l'immortelle Jérusalem enfin, l'influence française, dominant tout l'Orient, convierait alors utilement ces millions d'Orientaux, depuis si longtemps endormis, à prendre leur place dans la civilisation du monde chrétien et à entrer résolûment dans la vie des nations.

En suivant cette politique, nous reconnaissons sans peine que l'on n'arriverait pas à faire de la Méditerranée un lac « français; » mais la France y conserverait une juste prépondérance, car la Méditerranée deviendrait ainsi, par son aide et par ses efforts, ce que nous pensons fermement qu'elle doit être un jour, UN LAC EXCLUSIVEMENT CATHOLIQUE.

Paris, 25 mars 1864.

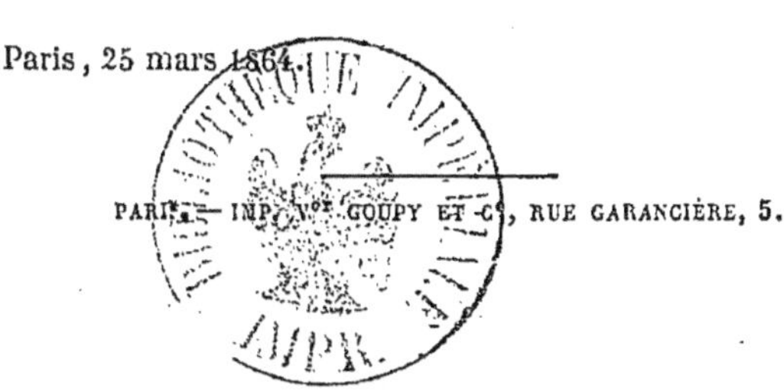

PARIS. — IMP. Ve GOUPY ET Ce, RUE GARANCIÈRE, 5.

www.ingramcontent.com/pod-product-compliance
Lightning Source LLC
Chambersburg PA
CBHW051145050726

47594CB00003B/1247